Spanish
ON THE MOVE

Titles in This Series

Dutch On The Move
French On The Move
German On The Move
Italian On The Move
Portuguese On The Move
Spanish On The Move

SPANISH
ON THE MOVE

Antonio Palma Bernardo
and Ronald Overy

Hugo's Language Books

First published in Great Britain in 1998 by Hugo's Language
Books, an imprint of Dorling Kindersley Limited,
9 Henrietta Street, London WC2E 8PS

Visit us on the World Wide Web at http://www.dk.com

Copyright 1998 © Dorling Kindersley Ltd

All rights reserved. No part of this publication may be
reproduced, stored in a retrieval system, or transmitted in any
form or by any means, electronic, mechanical, photocopying,
recording or otherwise, without the prior written permission of
the copyright owner.

A CIP catalogue record is available from the British Library.

ISBN: 0 85285 360 2

Written by
**Antonio Palma Bernardo
and Ronald Overy**

Picture Credits
Jacket: All images special photography by Joe Cornish,
Kim Sayer and Linda Whitwam

Contents

Preface		7
Situation 1:	*At Passport Control*	8
Situation 2:	*At the Petrol Station*	16
Situation 3:	*At the Hotel*	27
Situation 4:	*At the Restaurant*	35
Situation 5:	*Let's Visit the Town*	45
Situation 6:	*Let's Consult a Doctor*	56
Situation 7:	*At the Bank*	64
Situation 8:	*Let's Telephone Our Friends*	72
Situation 9:	*At Last We've Arrived*	82
Situation 10:	*Let's Go to the Market*	93
Situation 11:	*A Conversation With Your Spanish Neighbour*	102
Situation 12:	*On the Beach*	114
Situation 13:	*Let's Visit a Wine Cellar*	122
Situation 14:	*At the Police Station*	131
Situation 15:	*Let's Talk Business*	142
Situation 16:	*Winter Sports*	152

Preface

If you want to learn Spanish but have no time for textbooks full of grammar and written exercises, then *Spanish On The Move* is exactly what you're looking for. This entertaining and very effective course is based entirely upon the spoken word, and you won't have to write a single sentence or read through lots of explanations ... just listen, and learn!

Spanish On The Move is designed for people who need to learn enough for immediate practical use - a holiday, a business trip, or general interest - but it goes much further than a 'survival' course or recorded phrase book. The main elements of grammar are introduced subconsciously; there is non-stop active student participation throughout, with new words appearing gradually and in context, and the teaching material has both humour and interest.

The authors have taken sixteen scenarios typical of a visit to Spain and devised simple conversations which are broken down into their grammatical and idiomatic parts. Everything is explained clearly and concisely, ample time is provided for you to repeat words and oral exercises which the presenter gently coaxes from you, and very soon you're enjoying learning Spanish and looking forward to the next scene ... all without need for a formal textbook.

The book that you're now reading is a print-out of the recorded material, just as it is spoken, which some students find to be a useful form of reference. We suggest that you don't look at this while listening and learning. At the end of each printed scenario, there are Checklists (not recorded) which show key words and phrases that occur in the dialogues: refer to these after you've completed that section of the course, and periodically check them, to see how well you can recall the details.

SITUATION 1

AT PASSPORT CONTROL
EN EL CONTROL DE PASAPORTES

We want you to imagine that you have just arrived, at the wheel of your car, at the Spanish border. A rather severe-looking official at Passport Control asks for your passport.

>'**Su pasaporte, por favor.**'
>'*Your passport, please.*'

su	*your*
pasaporte	*passport*
por favor	*please*

>'**Su pasaporte, por favor.**'

In Spanish, when you hand something to someone, you say **tenga / tenga** - so, hand him your passport now.

>'**Tenga.**'

The official looks at your passport for some time ... there seems to be something wrong. Let's ask if there's some problem. *There is* or *there are* in Spanish is **hay / hay**; to ask *is there?* or *are there?* you just use a rising intonation - **¿Hay?** *Some* in this case is **algún / algún**, and *problem* is **problema / problema**. So, could you now put these three words together and ask:

>'*Is there some problem?*'
>(Correct answer) '**¿Hay algún problema?**'

The official simply replies:
>'**¿Es éste su pasaporte?**'
>'*Is this your passport?*'

>(**es** means *is* and **éste** means *this*)

You probably know that the Spanish for *yes* is **sí**, *my* is **mi**.

So when you hear the question again, reply: '*Yes, this is my passport.*' Ready?
  '**¿Es éste su pasaporte?**'
  (Correct answer) '**Sí, éste es mi pasaporte.**'

Then the official says:
  '**Quisiera hacerle una pregunta.**'
  '*I would like to ask you a question.*'
  (Literally: '*I would like to make to you a question.*')

quisiera	*I would like* (notice that there is no separate word here for *I*)
hacer	*to make* or *to do*
le	*your* or *to you*
una	*a, an* (**una** also means *one*)
pregunta	*question*

'**Quisiera hacerle una pregunta.**'

He continues:
  '**¿Cuál es su profesión?**'
  '*What is your profession?*'

cuál	*what*
es	*is*
su	*your*
profesión	*profession*

When the Spanish tell you their profession, they omit *a* or *an* - in other words they say *I'm teacher, I'm actress*, and so on. Let's imagine for a moment that you're a *journalist* - **periodista / periodista**. The Spanish for *I am* is simply **soy / soy** (again, there's no separate word here for *I*). Now, when you hear the question about your profession again, you'll be able to reply ... ready?
  '**¿Cuál es su profesión?**'
  (Correct answer) '**Soy periodista.**'

The Spanish official still seems unhappy ...
  '**¿Cuánto tiempo va a pasar en España?**'
  '*How long are you going to spend in Spain?*'
  (Literally: '*How much time are you going to spend in Spain?*')

cuánto	*how much*
tiempo	*time*
va	*you are going* (there's no separate word here for *you*)
a	*to*
pasar	*to spend*
en	*in*
España	*Spain*

'**¿Cuánto tiempo va a pasar en España?**'

When that question comes again, reply: '*One week.*' (*week* is **semana / semana**). Ready?
'**¿Cuánto tiempo va a pasar en España?**'
'**Una semana.**'

He looks even more concerned than ever now:
'**Tengo una mala noticia.**'
'*I have some bad news.*'
(Literally: '*I have a bad news.*')

tengo	*I have*
una	*a*
mala	*bad*
noticia	*news*

'**Tengo una mala noticia.**'

When that comment comes again, say: '*Some bad news?*' Ready?
'**Tengo una mala noticia.**'
'**¿Una mala noticia?**'
'**Sí, ¡su pasaporte caduca mañana!**'
'*Yes, your passport expires tomorrow!*'

caduca means *expires* and
mañana means *tomorrow*

Your passport expires tomorrow!

And now for some practice.

HOW DO YOU SAY IN SPANISH:

passport	**pasaporte**
problem	**problema**
question	**pregunta**
profession	**profesión**
journalist	**periodista**
week	**semana**
news	**noticia**
Spain	**España**
please	**por favor**

You know that *a question* or *one question* is **una pregunta**. But, sometimes, *a*, *an* or *one* is **un**, not **una**. The reason for this is that all Spanish nouns are either masculine or feminine: **un** is used for masculine words and **una** is used for feminine words.

Now, if the Spanish for *a coffee* is **un café / un café**, how would you say:
I'd like a coffee.
Quisiera un café.

Milk is **leche / leche**, so what would the Spanish be for:
I would like some milk. (omit *some*)
Quisiera leche.

Do you remember how to say:
What is your profession?
¿Cuál es su profesión?

Fine, well let's learn a few more professions ... just listen:

dentist	**dentista**
economist	**economista**
guitarist	**guitarrista**
novelist	**novelista**

These words can refer to both men and women, but for some professions a slight change is made in the feminine form.

Listen:

teacher	**profesor, profesora**
nurse	**enfermero, enfermera**
waiter, waitress	**camarero, camarera**
actor, actress	**actor, actriz**

Imagine you're an economist:
   ¿Cuál es su profesión?
   Soy economista.

And now a nurse:
   ¿Cuál es su profesión?
   (female voice) **Soy enfermera.**
   (male voice) **Soy enfermero.**

What is the Spanish for *Is there ...?*:
   ¿Hay ...?

Good. Now, if *a bank* in Spanish is **un banco / un banco** and *near here* is **por aquí / por aquí**, how would you ask:
   Is there a bank near here?
   ¿Hay un banco por aquí?

A chemist's is **una farmacia / una farmacia**, so now ask:
   Is there a chemist's near here?
   ¿Hay una farmacia por aquí?

And now, to finish, we'd like you to take part in two short conversations with us. First, imagine you're just about to drive into Spain and you're going through Passport Control. By profession, you're a novelist. You plan to spend *two weeks* (**dos semanas / dos semanas**) in Spain. Are you ready to face the Spanish official?
   'Su pasaporte, por favor.'
   'Tenga.'

   '¿És éste su pasaporte?'
   'Sí, éste es mi pasaporte.'

'¿Cuál es su profesión?'
'Soy novelista.'

'¿Cuánto tiempo va a pasar en España?'
'Dos semanas.'

'Gracias.'

You may already know that **gracias** means *thank you*. Just before you leave him, ask if there's a bank near here:
¿Hay un banco por aquí?

And now, here's the second conversation. You're in a bar with a Spanish señorita you've just met: she asks you a question ...
'¿Cuál es su profesión?'
(Say you're a guitarist)
'Soy guitarrista.'

She calls to the waiter:
'Quisiera un café, por favor.'

Order a whisky for yourself (**un whisky**):
'Quisiera un whisky, por favor.'

Say now to the señorita:
'I'd like to ask you a question'.
'Quisiera hacerle una pregunta.'
'¿Sí?'

Ask if there's a bank near here:
'¿Hay un banco por aquí?'
'Sí - hay un problema. Tengo una mala noticia ... ¡hoy es domingo!'

¿Hoy es domingo? That is bad news if you need some money ... *today is Sunday!*

CHECKLIST 1

En el Control de Pasaportes
At Passport Control

MASCULINE WORDS

control control
pasaporte(s) passport(s)
banco bank
problema problem
tiempo time
domingo Sunday
café coffee; café
whisky whisky
profesor teacher
enfermero nurse
camarero waiter
actor actor

FEMININE WORDS

pregunta question
semana week
noticia news
leche milk
farmacia chemist's
profesión profession
profesora teacher
enfermera nurse
camarera waitress
actriz actress

MASCULINE OR FEMININE

periodista journalist
dentista dentist
economista economist
guitarrista guitarist
novelista novelist

DESCRIPTIONS

malo (m) **mala** (f) bad

THIS

este banco this bank
esta farmacia this chemist's
éste (m), **ésta** (f) this one

QUESTIONS AND ANSWERS

¿Cuánto café? How much coffee?
¿Cuánta leche? How much milk?
¿Cuánto tiempo? How long?
¿Cuándo? When
ayer yesterday
hoy today
mañana tomorrow
¿Dónde? Where?
aquí here
por aquí near here
¿Hay…? is/are there?
¿Cuál es? What is?

MY, YOUR

mi my
su your

CHECKLIST 1

OTHER WORDS/EXPRESSIONS

por favor   please
gracias   thank you
España   Spain
en   in, at
el   the
de   of, from
a   to, at
le   you, to you
sí   yes
no   no, not
un *(m)*, **una** *(f)*   a, an, one
algún   some
¡Hola!   Hello!

NUMBERS

1   **uno**
2   **dos**

VERBS

tengo   I have
Tenga.   Here you are.
soy   I am
es   is
hay   there is/are
quisiera   I would like
va   you go/are going
caduca   expires
pasar   to spend
hacer   to do, make

GENDER OF NOUNS

Nouns are masculine if they (a) refer to males, (b) end in -o.

Nouns are feminine if they (a) refer to females, (b) end in -a, -ión, -d, -z.

N.B. *There are exceptions.*

SITUATION 2

AT THE PETROL STATION
EN LA GASOLINERA

You've managed to solve the problems you had at Passport Control and you have now been driving in Spain for some hours. You're a little low on petrol. Let's fill up at that petrol station on the right ... *on the right*, **a la derecha / a la derecha**.

You drive in - but what does that sign say?
Cerrado
Ah ... it's *closed*.

Not to worry ... there's another petrol station on the left ... *on the left*, **a la izquierda / a la izquierda**. There's a sign here too, it says:
Abierto
Good ... it's *open*.

The young lady attendant comes over to you. She says:
'Buenos días, señor.'

buenos días   *good morning*

Say *good morning* back to her, but add **señorita**:
'Buenos días, señorita.'

Perhaps we could hear a few more greetings at this point - just listen: *good afternoon*, **buenas tardes**. When it gets dark, you say **buenas noches**; **buenas noches** is also used just before going to bed.

In Spanish, when talking to a man, it's polite to add **señor**.

When speaking to a married lady, use **señora**. To a young unmarried lady, say **señorita**.

As the garage attendant takes hold of the petrol pump, she asks you a question:
> '**¿Es usted inglés?**'
> *Are you English?*'

es	*is*
usted	*you*
inglés	*English*

(notice that the Spanish say: '*Is you English?*')

'**¿Es usted inglés?**'

When you hear the question again, reply '*Yes, I'm English*'. Ready?
> '**¿Es usted inglés?**'
> '**Sí, soy inglés.**' (a lady would say: **soy inglesa**)

Let's look more closely at the Spanish verb **ser**, '*to be*'.

Just listen:

I am	**yo soy**
he is	**él es**
she is	**ella es**
we are (masc.)	**nosotros somos**
we are (fem.)	**nosotras somos**
they are (masc.)	**ellos son**
they are (fem.)	**ellas son**
you are	**usted es**
you are (plural)	**ustedes son**

Although we have given the Spanish equivalents of *I, he, she, we* and *they*, these words are in fact only used for emphasis and are normally left out, as we heard in Situation 1. The exceptions are the words for *you*, **usted**, and the plural **ustedes**, which are often used for politeness.

Before we leave this subject, we must mention that the Spanish have yet another way of saying *you*. This is called the 'familiar form'. It's the form which is used when talking to relatives, friends, children and animals. *You* in these cases is **tú**; the plural is **vosotros** (masculine) and **vosotras** (feminine). Teenagers use the familiar form to each other even on the first meeting. Throughout this course, however, we shall use **usted** and **ustedes**.

But, enough grammar! It's time to get back to that young garage attendant. *Fill up the tank* in Spanish is simply '*Fill it*': **llénelo / llénelo**. So ask her now to fill up the tank (add *please*):
> '**Llénelo, por favor.**'

She asks:
> '**¿Normal o súper?**'

> **normal** is 2-*star petrol*
> **o** means *or*
> and **súper** is 4-*star petrol*

When you hear the question again, ask for 4-star.
> '**¿Normal o súper?**'
> '**Súper, por favor.**'

And let's ask her to check the oil. Please listen:

will you	quiere usted / quiere usted
to check	comprobar / comprobar
the oil	el aceite / el aceite

Can you now put these words together and say:
> 'Will you check the oil?'
> '**¿Quiere usted comprobar el aceite?**'

If the Spanish for *the pressure* is **la presión / la presión** and *of the tyres* is **de los neumáticos / de los neumáticos**, could you ask her now to check the pressure of the tyres:
> '**¿Quiere usted comprobar la presión de los neumáticos?**'

Before we go on, perhaps we should look at the various ways of translating *the*. In front of a masculine word the is **el**. Before a feminine word *the* is **la**. The masculine plural is **los**, and the feminine plural is **las**. Here are some examples:

Masculine words:

the oil	el aceite
the tyre	el neumático
the engine	el motor
the car	el coche

Feminine words:
the petrol station	**la gasolinera**
the petrol	**la gasolina**
the pressure	**la presión**

Masculine plural:
the tyres	**los neumáticos**

Feminine plural:
the petrol stations	**las gasolineras**

You will have noticed from the last two examples that the plural in Spanish is formed in the same way as we do in English - you add **-s**. If the word ends in a consonant, you add **-es**. An example:

lorry	**camión**
lorries	**camiones**

But, your petrol tank is now full and it's time to pay. Ask how much it is (¿**Cuánto es?**):
  '¿**Cuánto es?**'

The young lady replies:
  '**Dos mil pesetas.**'
  'Two thousand pesetas.'

dos	*two*
mil	*thousand*

Just repeat the amount back to her to make sure you've understood: **Dos mil pesetas.** And ask where the toilets are, but first, just listen:

where	**dónde / dónde**
are	**están / están**

(We'll explain later why we have to say **están** here and not **son**.)

So:
  'Where are the toilets?'
  '**¿Dónde están los servicios?**'

  '**A la derecha, señor.**'

Let's practise asking where things are, but first listen:
>Where is ...?   Dónde está ...?
>Where are ...?   Dónde están ...?

And now it's time for some practice.

> **WHAT IS THE SPANISH FOR:**
>
> *Will you check the oil?*
> ¿Quiere usted comprobar el aceite?
>
> *Will you check the battery?*
> *(the battery:* **la batería***)*
> ¿Quiere usted comprobar la batería?
>
> And now ask:
> *Where's the petrol station?*
> ¿Dónde está la gasolinera?
>
> *Where's the bank?*
> ¿Dónde está el banco?
>
> *Where are the waiters?*
> ¿Dónde están los camareros?

Let's return for a moment to **ser**, *to be* - a very important verb. In a moment, some more practice. We want you to answer some questions, but first learn these words ... listen:

> *doctor*   médico / médico
> *engineer*   ingeniero / ingeniero
> *the north*   el norte / el norte
> *the south*   el sur / el sur
> *England*   Inglaterra / Inglaterra
> *German*   Alemán, feminine Alemana
> *good-looking*   guapo, feminine guapa
> *ugly*   feo, fea

You will have noticed that **-o** changes to **-a** for the feminine.

When **de**, meaning *of* or *from*, is followed by **el** (*the*), the two words combine and become **del**.

Oh, and one more thing, the Spanish often ask questions simply by using a rising intonation in the voice, without actually changing the order of words in the sentence. You'll see what we mean in a moment.

But are you ready to answer some questions now? Here's the first one:

¿**Pedro es médico?**
(Reply: *No, he's an engineer*)
No, es ingeniero.

¿**Maria es fea?**
(Reply: *No, she's good-looking*)
No, es guapa.

Es usted del norte de Inglaterra?
(*No, from the south*)
No, soy del sur de Inglaterra.

Son ustedes alemanes?
(*No, English*)
No, somos ingleses.

And now, to finish this lesson, we'd like you to take part in a short conversation with us - but first, some new words. Just listen:

the telephone	**el teléfono / el teléfono**
the radiator	**el radiador / el radiador**
the water	**el agua / el agua**
Irish	**irlandés, feminine irlandesa**
Scottish	**escocés , feminine escocesa**
Welsh	**galés, feminine galesa**
London	**Londres / Londres**
Edinburgh	**Edimburgo / Edimburgo**
also	**también / también**
along the right-hand side	**por la derecha / por la derecha**
drive	**conduzca / conduzca**
you go, singular	**usted va**
you go, plural	**ustedes van**

The numbers one to ten:

1 **uno**
2 **dos**
3 **tres**
4 **cuatro**
5 **cinco**
6 **seis**
7 **siete**
8 **ocho**
9 **nueve**
10 **diez**

Right. Are you ready to take part in the conversation? Imagine you've just driven into a petrol station in Spain - here comes the attendant:
    'Buenos días, señor.'

Reply:
    'Buenos días, señorita.'

Ask her to fill up the tank:
    'Llénelo, por favor.'
    'Sí, ¿normal o súper?'
    '4 star.'
    'Súper.'

    '¿Son ustedes alemanes?'
    'No, we're Scottish.' (singular **escosés**, plural **escoceses**)
    'No, somos escoceses.'
    'We're from Edinburgh.'
    'Somos de Edimburgo.'

    '¿Cuánto tiempo van ustedes a pasar en España?'
    'Three weeks.'
    'Tres semanas.'

Ask her to check the water in the radiator (say *'of the radiator'*):
    '¿Quiere usted comprobar el agua del radiador, por favor?'
    'Sí, señor.'

Ask where the toilets are:
   '¿Dónde están los servicios?'
   'A la izquierda.'

Ask where the telephone is:
   '¿Dónde está el teléfono?'
   'A la izquierda también.'

Thank her:
   'Gracias.'

Your tank is now full and the radiator has been checked. Ask how much you owe her:
   '¿Cuánto es?'
   'Tres mil pesetas.'
   'Three thousand pesetas.'

You pay and drive off. But, she's shouting something ... is something wrong? Didn't you give her enough money? Have you forgotten your change? What is it ...?
   '¡Señor! ¡Señor! ¡Conduzca por la derecha!'

Ah, she's just reminding you to *drive on the right!*

CHECKLIST 2

En la Gasolinera
At the Petrol Station

Masculine Words

el **motor**   engine
el **aceite**   oil
el **neumático**   tyre
el **radiador**   radiator
el **coche**   car
el **camión**   lorry
el **garaje**   garage
el **teléfono**   telephone
el **señor**   gentleman
el **médico**   doctor
el **ingeniero**   engineer
el **norte**   north
el **sur**   south
el **día**   day

Feminine Words

la **gasolinera**   petrol station
la **gasolina**   petrol
la **batería**   battery
la **presión**   pressure
la **señora**   lady
la **señorita**   young lady
la **tarde**   afternoon, early evening
la **noche**   evening, night
la **peseta**   peseta
*el **agua**   water

***El agua** *sounds nicer to the Spanish ear than* **la agua**.

Plurals

los **servicios**   the toilets
los **motores**   the engines
las **gasolineras**   the petrol stations

Places

Inglaterra   England
Londres   London
Edimburgo   Edinburgh

Descriptions

bueno *(m)*, **buena *(f)*   good

Bueno *and* **malo *become* **buen** *and* **mal** *before a masculine noun.*

guapo *(m)*, **guapa** *(f)*   good-looking
feo *(m)*, **fea** *(f)*   ugly
abierto *(m)*, **abierta** *(f)*   open
cerrado *(m)*, **cerrada** *(f)*   closed

Where?

¿Dónde está...?   Where is...?
¿Dónde están...?   Where are...?
a la izquierda   on the left
a la derecha   on the right
por la derecha   along the right side

Checklist 2

How Much?

¿Cuánto es?   How much is it?

Petrol

normal   2 star
súper   4 star

Nationalities

inglés, inglesa   English
escocés, escocesa   Scottish
galés, galesa   Welsh
irlandés, irlandesa   Irish
alemán, alemana   German

Greetings

Buenos días   Good morning
Buenas tardes   Good afternoon/evening
Buenas noches   Good evening/night

Contractions

de + el = del
a + el = al

Requests

¿Quiere usted...?   Will you...?

Other Words/Expressions

también   also
o   or

I, You, He, etc.

yo   I
él   he
ella   she
***usted** (sing)   you
nosotros (m)   we
nosotras (f)   we
ellos (m)   they
ellas (f)   they
***ustedes** (pl)   you (fam. form)
tú (sing)   you
vosotros (m pl)   you
vosotras (f pl)   you

*Usually written **Vd.** and **Vds.**, but spelt in full throughout this course transcript.*

Numbers

1   **uno**
2   **dos**
3   **tres**
4   **cuatro**
5   **cinco**
6   **seis**
7   **siete**
8   **ocho**
9   **nueve**
10   **diez**
1,000   **mil**
2,000   **dos mil**
3,000   **tres mil**
4,000   **cuatro mil**

CHECKLIST 2

VERBS

llénelo fill it (up)
conduzca drive
va you go, he/she/it goes
van you (*pl*) go, they go
comprobar to check

SER (TO BE)

soy I am
es you are, he/she/it is
somos we are
son you (*pl*) are, they are
fam. form
eres you are
sois you (*pl*) are

Situation 3

At the Hotel
En el Hotel

Well, you've been driving all day now. It's getting dark and you're feeling a little bit tired. Time, perhaps, to look for a hotel. What about that one - there, on the corner? It looks quite nice ... .

Now that you've parked the car, let's go in. The receptionist greets you:
> '**Buenas noches, señora, señor.**'

Reply:
> '**Buenas noches, señor.**'

In Situation 1 you learnt the Spanish for *I have*, **tengo**. The Spanish for *you have* is **usted tiene / usted tiene**, and *do you have ...?* is simply **¿Tiene usted ...?** A room is **una habitación / una habitación** - think of the English word *'habitation'*.

Fine, will you ask the receptionist now:
> *'Do you have a room?'*
> '**¿Tiene usted una habitación?**'

> '**Sí, señora. ¿Para dos personas?**'
> *'Yes, madam. For two people?'*

para	*for*
dos	*two*
personas	*persons*

(**persona** is always feminine, even if a man is referred to, **una persona**)

When the question comes again, reply: *'Yes, for two people'*. Ready?
> '**¿Para dos personas?**'
> '**Sí, para dos personas.**'

He asks you another question:
> '**¿Desean ustedes una cama de matrimonio?**'
> *'Do you want a double bed?'*

¿desean ustedes ...?	*do you want ...?*
una cama	*a bed*
de	*of*
matrimonio	*married couple*

If the Spanish for *no* is **no**, and *we want* is **deseamos / deseamos**, and *two single beds* is **dos camas individuales / dos camas individuales**, you could reply: *'No, we want two single beds.'* Ready? Here's the question again:
> '**¿Desean ustedes una cama de matrimonio?**'
> *'No, deseamos dos camas individuales.'*

With is **con / con** and *bath* is **baño / baño**, so you can now add:
> *'We want a room with bath please.'*
> '**Deseamos una habitación con baño, por favor.**'
> (By the way, *the bathroom* is **el cuarto de baño**.)

> '**Bien. ¿Para cuántas noches?**'
> *'Fine. For how many nights?'*

bien	*fine*
cuántas	*how many*
noches	*nights* (*a night* is **una noche**)

When you hear the question again, reply: *'For one night.'*
> '**¿Para cuántas noches?**'
> '**Para una noche.**'

Find out how much it is:
> '**¿Cuánto es?**'
> '**Cuatro mil pesetas.**'
> *'Four thousand pesetas.'*

The breakfast is **el desayuno / el desayuno**, and *included* is **incluido / incluido**. When you hear the price of the room again, ask whether breakfast is included (say <u>the</u> breakfast and use **está** for *is*). Ready?

> 'Cuatro mil pesetas.'
> '¿El desayuno está incluido?'

> 'No, señora, el desayuno no está incluido.'
> *'No, madam, breakfast is not included.'*
> (**no** means both *no* and *not*)

The receptionist continues:
> 'El desayuno cuesta cuatrocientas pesetas.'
> *'Breakfast costs 400 pesetas.'*

Cuesta, *costs* ... a useful word, this, because you can combine it with **cuánto** to mean *How much does it cost?* - **¿Cuánto cuesta?** *How much do <u>they</u> cost?* is **¿Cuánto cuest<u>an</u>?**

400 pesetas - **cuatrocientas pesetas**, likewise *200* is **doscientas pesetas** and *300* is **trescientas pesetas**.

There are several other questions we would like you to ask the receptionist, but first you'll need to learn these words:

> *the television*   **el televisor / el televisor**
> *the radio*   **la radio / la radio**
> *the fridge*   **la nevera / la nevera**
> *the drink*   **la bebida / la bebida**

Could you ask now whether there's a TV in the room (omit *a*):
> '¿Hay televisor en la habitación?'
> 'Sí, señora.'

What about a radio?
> '¿Hay radio en la habitación?'
> 'No, señora.'

Is there a fridge with drinks?
> '¿Hay nevera con bebidas en la habitación?'
> 'No, señora, no hay nevera, pero hay un bar en el hotel.'
> *'No, madam, there isn't a fridge, but there is a bar in the hotel.'*
> (**pero** means *but*, and **un bar** is *a bar*)

The two most important verbs in any language are *to be* and *to have*. We're already familiar with **ser**, *to be*, so let's now study, **tener**, *to have* ... just listen:

I have	**tengo**
he/she/it has	**tiene**
you have	**usted tiene**
we have	**tenemos**
they have	**tienen**
you have	**tienen**
you have (pl.)	**ustedes tienen**

Remember that the words **yo, él, ella, nosotros** and so on, would only be used for special emphasis, although **usted** and **ustedes** are normally added.

To ask *Do you have ...?* we say ¿**Tiene usted ...?** or, in the plural, ¿**Tienen ustedes ...?** Let's have a little practice. We'll ask you some simple questions. Here's an example:
You hear: **Tiene usted whisky?**
You reply: **Sí tengo whisky.** Ready?

¿Tiene usted café?
Sí, tengo café.

¿El hotel tiene ascensor? (**ascensor** - *lift*)
Sí, tiene ascensor.

¿Tienen ustedes leche?
Sí, tenemos leche.

In this Situation we have met the Spanish for *Do you want ...?*, ¿**Desean ustedes ...?**, and *we want*, **deseamos**. These forms come from the verb **desear**, meaning *to want*. The **-ar** at the end is the equivalent of *to* in English.

desear, *to want* ... Here are the remaining forms of **desear**:

I want	**deseo**
he/she/it/wants or *you want*	**desea**
we want	**deseamos**
you (plural) or *they want*	**desean**

Now, there are thousands of verbs in Spanish that perform exactly like **desear**, so do make sure that you learn it thoroughly. Here are just a few of those thousands of verbs - perhaps you could repeat them:

to accept	**aceptar / aceptar**
to buy	**comprar / comprar**
to change	**cambiar / cambiar**
to invite	**invitar / invitar**
to copy	**copiar / copiar**
to pay	**pagar / pagar**
to reserve	**reservar / reservar**

Let's practice them.

How would you say in Spanish:

we accept	**aceptamos**
you buy	**usted compra**
they change	**cambian**
she invites	**invita**
I copy	**copio**
he pays	**paga**
do you accept? (plural)	**¿aceptan ustedes?**
do you change? (plural)	**¿cambian ustedes?**
we reserve	**reservamos**

And now, to end this lesson, we'd like you to take part in a short conversation with us. Listen carefully because we'll be meeting some new words. Imagine you have just walked into a Spanish hotel. The lady receptionist says:
   '**Buenos días, señor.**'

Reply:
   '**Buenos días, señora.**'

Tell her you would like a double room:
> '**Deseamos una habitación para dos personas, por favor.**'
> '**¿Para cuántas noches?**'
> *'For four nights.'*
> '**Para cuatro noches.**'

She asks:
> '**¿Tienen ustedes equipaje?**'
> *'Do you have luggage?'*
> (**el equipaje**, *the luggage* / **el equipaje**)

'Yes, the luggage is in the car.'
(*the car* is **el coche** - use **está** for *is*)

> '**Sí, el equipaje está en el coche.**'
> '**Bien. Su habitación está en el quinto piso.**'
> *'Fine. You room is on the 5th floor.'*
> (*the 5th floor*, **el quinto piso**)

Ask if there's a lift:
> '**¿Hay ascensor?**'
> '**Sí, señor.**'

The receptionist hands you the key:
> '**Aquí está la llave.**'
> (**la llave**, *the key* / **la llave**)

You get into the lift. You press the button marked **cinco**; the lift begins to move ...

1st floor	**primer piso**
2nd floor	**segundo piso**
3rd floor	**tercer piso**
4th floor	**cuarto piso**
5th floor	**quinto piso**

Good. Now, what was that room number? It looks like 25 ... yes, here it is. The room's unlocked. You turn the handle. You go in. That's odd. There seems to be someone in the room. A female voice cries out:
> '**Ah, el camarero con mi whisky. Gracias.**'

You've got the wrong room! Your room is number 20 (**veinte**), not 25 (**veinticinco**), and you've been mistaken for the waiter!

Checklist 3

En el Hotel
At the Hotel

Masculine Words

el hotel hotel
el bar bar
el ascensor lift
el piso floor, storey
el televisor television set
el baño bath
el cuarto de baño bathroom
el equipaje luggage
el desayuno breakfast
el matrimonio married couple, marriage

Feminine Words

la habitación room
la cama bed
la llave key
la radio radio
la nevera fridge
la bebida drink
la persona person

What Kind of Room?

una habitación para una persona a room for one person
una habitación para dos personas a room for two people
una habitación individual a single room
una habitación doble a double room

What Kind of Bed?

dos camas individuales two single beds
una cama de matrimonio a double bed

On Which Floor?

en el primer piso on the 1st floor
en el segundo piso on the 2nd
en el tercer piso on the 3rd
en el cuarto piso on the 4th
en el quinto piso on the 5th

For How Many Days/Nights?

¿Para cuántos días? For how many days?
¿Para cuántas noches? For how many nights?

How Much Does It Cost?

¿Cuánto cuesta? How much does it cost?
¿Cuánto cuestan? How much do they cost?
cien pesetas 100 pesetas
doscientas pesetas 200 ptas.
trescientas pesetas 300 ptas.
cuatrocientas pesetas 400 ptas.

CHECKLIST 3

OTHER WORDS/EXPRESSIONS

para for
con with
sin without
bien fine, well
pero but
incluido included

NUMBERS

20 **veinte**
25 **veinticinco**
100 **cien(to)**
200 **doscientos(-as)**
300 **trescientos(-as)**
400 **cuatrocientos(-as)**

DESEAR (TO WANT)
Present tense
deseo I want
desea he/she/it wants, you want
deseamos we want
desean they want, you (*pl*) want
fam. form
deseas you want
deseáis you (*pl*) want

VERBS LIKE DESEAR

aceptar to accept
comprar to buy
cambiar to change
invitar to invite
copiar to copy
pagar to pay
reservar to reserve

TENER (TO HAVE)
Present tense
tengo I have
tiene he/she/it has, you have
tenemos we have
tienen they, you (*pl*) have
fam. form
tienes you have
tenéis you (*pl*) have

FOR REFERENCE -

SPECIAL EXPRESSIONS WITH TENER

tener razón to be right
no tener razón to be wrong
tener calor to be hot
tener frío to be cold
tener hambre to be hungry
tener sed to be thirsty

SITUATION 4

AT THE RESTAURANT
EN EL RESTAURANTE

One of the many delights that await the visitor to Spain is Spanish cuisine, and today we're going to eat out for the first time. Imagine you've just walked into a small Spanish restaurant. The young waitress comes over to you. She greets you both:

> 'Buenos días, señores.'
> (señores is the plural of señor and is often used when addressing men and women together)

Reply:
> 'Buenos días, señorita.'

Ask her if she has a table for two (*a table* is **una mesa / una mesa**):
> '¿Tiene usted una mesa para dos?'
> 'Sí, señor.'

Tell her you'd like a table near the window (*near* is **cerca de / cerca de**, and *the window* is **la ventana / la ventana**):
> 'Por favor, deseamos una mesa cerca de la ventana.'
> 'Sí, señor.'

As you sit down, you see that there are two menus - the *à la carte menu*, **la carta**, and the *fixed price menu*, **el menú del día** (literally: *'the menu of the day'*) / **el menú del día**. This costs *900 pesetas* (**novecientas pesetas**). Let's see what **el menú del día** offers.

It consists of four courses and, to start with, we have a choice of:
> **ensalada de tomate**, *tomato salad* / **ensalada de tomate**;
> or **sopa de pescado**, *fish soup* (literally: *'soup of fish'*) / **sopa de pescado**.

35

After that we can choose either:
> **paella valenciana**, *Valencian paella* (this, as you probably know, is a rice dish with chicken, seafood and vegetables) / **paella valenciana**; or **tortilla española**, *Spanish omelette* / **tortilla española**.

The third course offers:
> **pollo asado**, *roast chicken* (literally: *'chicken roasted'*) / **pollo asado**; or **lenguado a la parrilla**, *grilled sole* (literally: *'sole at the grill'*) / **lenguado a la parrilla**.

And finally, there's a choice of **postres** - *desserts* - **postres**: either **fruta**, *fruit* / **fruta**; or **flan**, *crème caramel* / **flan**.

At the bottom of the menu it says: **vino, cerveza o agua mineral incluidos** (*wine, beer or mineral water included*) / **vino, cerveza o agua mineral incluidos**.

Well, I think that's a very appetizing menu, don't you? Let's practise pronouncing the various dishes. Ready?

> **ensalada de tomate**
> **sopa de pescado**
> **paella valenciana**
> **tortilla española**
> **pollo asado**
> **lenguado a la parrilla**
> **fruta**
> **flan**

And now the drinks:

> **vino**
> **cerveza**
> **agua mineral**

Ah! Here comes the waitress to take your order ...
> '¿Qué van a comer, señores?'
> '¿What will you have?'
> (Literally: *'what are you going to eat?'*)

> **qué** means *what* and **comer** *to eat*

When you hear that question again, reply 'We would like tomato salad and fish soup' (and is **y**):
  '¿Qué van a comer, señores?'
  'Por favor, deseamos ensalada de tomate y sopa de pescado.'
  'Sí, señor. ¿Y de segundo?'
  '... And for the second course?'

Reply: 'For the second course, we would like paella and omelette.' Here's the question again:
  '¿Y de segundo?'
  'De segundo deseamos paella y tortilla.'
  'Muy bien, señor. ¿Y después?'
  'Very good. And afterwards?'

muy bien	*very good* or *very well*
después	*afterwards*

Order chicken and sole. Here's the question again:
  '¿Y después?'
  'Pollo y lenguado.'
  'Muy bien. ¿Y de postre?'
  '... And for dessert?'

Ask for fruit and crème caramel. Ready?
  '¿Y de postre?'
  'Fruta y flan.'

Ask her if she has oranges (*oranges* - **naranjas / naranjas**):
  '¿Tiene usted naranjas?'
  'Sí, señor. ¿Y para beber?'
  '... And to drink?'
  (Literally: '*and for to drink?*')

When you hear the question again, ask for a glass of red wine for the lady (**un vaso de vino tinto / un vaso de vino tinto**):
  '¿Y para beber?'
  'Un vaso de vino tinto para la señora.'

a glass	**un vaso**
White wine would have been	**vino blanco**

Order a beer for yourself (*for me*, **para mí**):
    '**Y una cerveza para mí.**'
    '**Muy bien, señor.**'

A few minutes later the starters arrive and they're delicious - **la ensalada y la sopa están deliciosas. La paella y la tortilla están deliciosas también.**

Ah, here come the **lenguado** and the **pollo** ... the waitress puts the plate down in front of you. But what's that? It looks awful. You'll never be able to eat that! Call the waitress back immediately:
    ¡Señorita! ¡Señorita!

Unfortunately, we have to leave the scene in the restaurant for the moment because it's time now for one or two more explanations.

You've probably been wondering for some time why there are two ways of saying *is* in Spanish. You'll remember that in Situation 1 we said **¿Cuál <u>es</u> su profesión?** but in Situation 2 we asked **¿Dónde <u>está</u> el banco?** The answer is that there are two verbs in Spanish for *to be*: **ser** and **estar**.

Ser is used to refer to a <u>permanent</u> situation such as *He's English, She's a journalist, We're from London*. How would you translate:
    He's English.
    Es inglés.

    She's a journalist.
    Es periodista.

    We're from London.
    Somos de Londres.

Estar is used for <u>temporary</u> conditions such as *I'm tired, They're ill*, and so on. Surprisingly, **estar** is always used to say where something is, even if the position is permanent (for example: *Madrid is in Spain*, **Madrid está en España**). Of course, there's no need to worry if you choose the wrong '*to be*' - you'll still be understood!

Here are the various forms of **estar** (please repeat):

I am	**estoy**
he/she/it is, or *you are*	**está**
we are	**estamos**
they are, or *you are*	**están**

Let's have some practice with **estar**. *Tired* is **cansado / cansado**, so what's the Spanish for:
I'm tired.
Estoy cansado.
(a woman says **estoy cansada**)

Ill is **enfermo / enfermo**, so how would you say:
They're ill (add **s** for the plural).
Están enfermos.
(speaking about women, we would say **están enfermas**)

And now translate:
London is in England.
Londres está en Inglaterra.

Now, I'd like to move on to another point. You'll remember that we said a large number of Spanish verbs end in **-ar** (for example, **comprar** *to buy*) ... well, some have **-er** as their ending, not **-ar** (for instance, **comer** *to eat*, **beber** *to drink*, **vender** *to sell*), and the **-er** verbs perform a little differently from the **-ar**s. **Comer** is a typical verb of this kind, so let's have a closer look at it. Please repeat:

I eat	**como**
he/she/it eats, or *you eat*	**come**
we eat	**comemos**
they or *you eat*	**comen**

Incidentally, the Spanish present tense can translate all three forms of the English present tense so that (for example) **como** could mean *I eat, I do eat* or *I am eating*.

Let's learn some other **-er** verbs. Please repeat:

to learn	**aprender / aprender**
to promise	**prometer / prometer**
to understand	**comprender / comprender**

> **How would you say in Spanish:**
>
> *We drink beer.*
> **Bebemos cerveza.**
>
> *He is selling the restaurant.*
> **Vende el restaurante.**
>
> *I am learning Spanish.*
> (*Spanish:* **español**)
> **Aprendo español.**
>
> *They do not understand.*
> **No comprenden.**
>
> *Do you promise to pay today?*
> **Promete usted pagar hoy?**

Before we leave this subject we must mention that some Spanish verbs end in **-ir**, such as *to live* **vivir / vivir**, *to write* **escribir / escribir**, *to receive* **recibir / recibir**, *to open* **abrir / abrir**. But, fortunately, they perform exactly like the **-er** verbs, except in the 'we' form where there's an **-i-** instead of the **-e-**. Here are some examples (please repeat):

we live	**vivimos**
we write	**escribimos**
we receive	**recibimos**
we open	**abrimos**

At the beginning of this lesson we learnt that the Spanish for *near* is **cerca de** (*near the window*, **cerca de la ventana**). Let's look at some more expressions of this type. Please repeat:

    far from   **lejos de / lejos de**
    in front of   **delante de / delante de**
    behind   **detrás de / detrás de**
    opposite   **enfrente de / enfrente de**

And now a little practice. *The university* is **la universidad / la universidad**, so how would you say:
    far from the university
    lejos de la universidad

Translate:
    in front of the restaurant
    delante del restaurant

How would you say:
    behind the chemist's
    detrás de la farmacia

The post office in Spanish is **la oficina de correos / la oficina de correos**, so translate:
    opposite the post office
    enfrente de la oficina de correos

You may have noticed that the Spanish menu that was handed to you at the beginning of this lesson made no mention of vegetables. I think you should perhaps learn the names of the most important ones. Please repeat:

    potatoes   **patatas / patatas**
    French fries   **patatas fritas**
    peas   **guisantes / guisantes**
    carrots   **zanahorias / zanahorias**
    tomatoes   **tomates / tomates**
    onions   **cebollas / cebollas**
    asparagus   **espárragos / espárragos**

Well I think it's time now to return to the scene in the restaurant. You'll remember that the waitress had just placed a very strange looking dish in front of you. Call her again:
    '¡Señorita! ¡Señorita!'

When she arrives, ask her *'What's this?'* (*¿Qué es esto?*). Here she comes ...:
    '¿Sí, señor?'
    '¿Qué es esto?'
    '¡Esto es pulpo!'

Pulpo? She must have misheard you. Instead of **pollo**, *chicken*, she's brought you ... **pulpo**, *octopus*!

Checklist 4

En el Restaurante
At the Restaurant

Masculine Words

el restaurante restaurant
el menú del día fixed-price menu
el plato dish
el pescado fish
el lenguado sole
el pollo chicken
el guisante pea
los espárragos asparagus
el tomate tomato
el postre dessert
el flan crème caramel
el vino wine
el vaso glass

Feminine Words

la mesa table
la ventana windows
la carta menu, letter
la ensalada salad
la sopa soup
la paella paella
la tortilla omelette
la patata potato
la zanahoria carrot
la cebolla onion
la fruta fruit
la naranja orange
la cerveza beer
el agua mineral mineral water
la botella bottle
la cuenta bill
la universidad university
la oficina de correos post office

Descriptions

delicioso(-a, -os, -as) delicious
cansado(-a, -os, -as) tired
enfermo(-a, -os, as) ill

Ordering the Meal

de primero for the 1st course
de segundo for the 2nd course
de postre for dessert
después afterwards

How Would You Like It Cooked?

asado roasted
frito fried
a la parrilla grilled
paella valenciana Valencian paella

What Kind of Wine?

vino tinto red wine
vino blanco white wine

Nationalities

español(-a, -es, -as) Spanish

Where?

cerca de near
lejos de far from
delante de in front of
detrás de behind
enfrente de opposite

Checklist 4

Other Words/Expressions

y and
muy bien very good/well
para mí for me
qué what
¿Qué es esto? What's this?

Estar (To Be)
Present tense
estoy I am
está he/she/it is, you are
estamos we are
están they are, you (*pl*) are
fam. form
estás you are
estáis you (*pl*) are

Vivir (To Live)

vivo I live
vive he/she/it lives, you live
vivimos we live
viven they live, you (*pl*) live
fam. form
vives you live
vivís you (*pl*) live

Comer (To Eat)
Present tense
como I eat
come he/she/it eats, you eat
comemos we eat
comen they eat
fam. form
comes you eat
coméis you (*pl*) eat

Verbs Like Comer

beber to drink
vender to sell
aprender to learn
prometer to promise
comprender to understand

Verbs Like Vivir

recibir to receive
*escribir to write
*abrir to open

*irregular in the past

SITUATION 5

LET'S VISIT THE TOWN
VAMOS A VISITAR LA CIUDAD

Before beginning our sightseeing tour of the town, let's go along to the local tourist office, because there we'll be able to get street maps, leaflets, details of excursions and so on, all free of charge.

Now, I don't actually know where the tourist office is, so I suggest we ask that gentleman over there - the gentleman with the red shirt:
> **'Perdón, señor.'**
> *'Excuse me ...'*
> **'Perdón, señor.'**

Ask him if there's a tourist office near here (*tourist office* is **la oficina de turismo**):
> **'¿Hay una oficina de turismo por aquí?'**
> **'Sí, señora. Vaya todo derecho.'**
> *'Yes, go straight on.'*
> **'Vaya todo derecho.'**

vaya	*go*
todo derecho	*straight on*

He continues:
> **'Tome la segunda calle a la izquierda.'**
> *'Take the second street on the left.'*
> **'Tome la segunda calle a la izquierda.'**

> **tome** comes from the verb **tomar,** *to take*
> **la segunda calle** is *the second street*
> **a la izquierda** we know already

He goes on:
> **'La oficina de turismo está enfrente de correos.'**
> *'The tourist office is opposite the post office.'*

> **correos** is the shortened form of **la oficina de correos**

Thank him:
> '**Gracias, señor.**'

Ah, here's the tourist office. Let's go in. Say good morning to the receptionist and ask if he has a street map of the town (*street map* **el plano**):
> '**Buenos días. ¿Tiene usted un plano de la ciudad?**'
> '**Sí, señora. Tenga.**'

Ask if he has a list of excursions by coach - but first, here are the new words ... listen:

the list	**la lista**
the excursion	**la excursión**
by coach	**en autocar**

Fine, so does he have a list of excursions by coach:
> '**¿Tiene usted una lista de excursiones en autocar?**'
> '**Sí.**'

What about a *map of the region* (**un mapa de la región**):
> '**¿Tiene un mapa de la región?**'
> '**Sí.**'

I think it would be useful to have a leaflet of some kind about the town, so ask: *'Is there a leaflet in English on the town?'*

| *the leaflet* | **el folleto** |
| *on* (= *concerning*) | **sobre** |

So:
> *'Is there a leaflet in English on the town?'*
> '**¿Hay un folleto en inglés sobre la ciudad?**'

(Actually, **sobre** can also mean *on* in expressions like *on the table*, **sobre la mesa**.)

Here's the receptionist's reply to your question. Can you recognize some of the languages mentioned?
> '**Sí. Tenemos folletos sobre la ciudad en inglés, en italiano, en francés, en alemán y en japonés.**'

And he adds, as an afterthought: '**... y en español también.**'

Just listen to those languages again. These words can also refer to a person's nationality:

English	**inglés**
Italian	**italiano**
French	**francés**
German	**alemán**
Japanese	**japonés**
Spanish	**español**

The feminine forms would be:
   inglesa, italiana, francesa, alemana, japonesa, española.

You'll have noticed that to form the feminine, we added the letter **-a** (pronounced 'ah') where the word ends in a consonant, and we change the final **-o** to **-a**.

Well, I think we have everything we need from the tourist office. Thank the receptionist, would you?
   'Gracias, señor.'

Or you could have said: **'Muchas gracias'**, *'Many thanks'*.

He replies:
   'De nada.'
   'You're welcome.'
   (Literally: *'of nothing.'*)

Now that you've had time to study the various leaflets, shall we make a list of the places that might be worth a visit? Ready? Just listen:

the museum	**el museo / el museo**
the castle	**el castillo / el castillo**
the palace	**el palacio / el palacio**
the park	**el parque / el parque**
the town hall	**el ayuntamiento / el ayuntamiento**
the art gallery	**el museo de arte / el museo de arte**
the cathedral	**la catedral / la catedral**
the university	**la universidad / la universidad**
the church	**la iglesia / la iglesia**

Fine. Let's find out how to get there. We're going to ask that lady over there, the one with the blonde hair, how to get to the cathedral. Listen:

'Perdón, señora ¿Por dónde se va a la catedral, por favor?'
(Literally: *'by where one goes to the cathedral, please?'*)

The key expression is **¿Por dónde se va a ...?**

OK, well, now it's your turn ... you're addressing a man.
Ask the way to the university:
Perdón, señor. ¿Por dónde se va a la universidad, por favor?

Ask the way to the art gallery (remember that **a** and **el** combine and become **al**):
Perdón, señor. ¿Por dónde se va al museo de arte, por favor?

Here are some of the replies you might hear:

Cruce la plaza
Cross the square / **cruce la plaza**

Gire a la izquierda
Turn left / **gire a la izquierda**

Gire a la derecha
Turn right / **gire a la derecha**

Continúe hasta el semáforo
Continue as far as the traffic lights /
continúe hasta el semáforo

Continúe hasta el puente
Continue as far as the bridge / **continúe hasta el puente**

Perhaps you could repeat some of those new words:

to cross	**cruzar**
to turn	**girar**
to continue	**continuar**
as far as	**hasta**
the square	**la plaza**
the traffic lights	**el semáforo**
the bridge	**el puente**

What's the Spanish for *Is it far?*: **¿Está lejos?**

The reply might be: **No, no está lejos**, *No it's not far* (remember that **no** in Spanish means both *no* and *not*).

In this lesson we have met the following instructions: **tome, cruce, gire, continúe**. They all end in the letter **-e** (pronounced 'ay'). This is the form of the verb you use when you ask someone to do something. To give instructions yourself, change the **-o** of the '**yo**' form of **-ar** verbs to **-e**. Here are some examples:

to fill	**llenar**
I fill	**lleno**
please fill	**llene, por favor**
to buy	**comprar**
I buy	**compro**
please buy	**compre, por favor**

If you're talking to more than one person, add **-n**:

please fill	**llenen, por favor**
please buy	**compren, por favor**

In the case of **-er** verbs and **-ir** verbs, change the **-o** of the '**yo**' form to **-a** for the singular and **-an** for the plural:

to sell	**vender**
please sell	**venda, por favor**
to write	**escribir**
please write (plural)	**escriban, por favor**
to have	**tener**
I have	**tengo**
have or *here you are*	**tenga**

And now some practice for you.

> **TRANSLATE INTO SPANISH:**
>
> *Spend a week in Spain.*
> **Pase una semana en España.**
>
> *Please accept my invitation.* (**invitación**)
> **Acepte mi invitación, por favor.**
>
> *Drink your wine.*
> **Beba su vino.**
>
> And now (you're talking to
> two Western businessmen):
> *Learn Japanese.*
> **Aprendan japonés.**

There are, of course, more polite and elegant ways of making requests. You could, for example, use an expression you already know and begin your request with ¿**Quiere usted?** ... do you remember how to say:
> *Will you check the battery?*
> **¿Quiere usted comprobar la batería?**

Or, you could use the Spanish equivalent of *Would you be so kind as to ...?*, ¿**Sería tan amable de ...?** Here's an example:
> *Would you be so kind as to telephone the tourist office?*
> **¿Sería tan amable de telefonear a la oficina de turismo?**

Now, it's your turn ... but first study these words (please repeat):

to wait	**esperar / esperar**
to bring	**traer / traer**
to bring me	**traerme / traerme**
to order, to ask for	**pedir / pedir**

And now, say in Spanish:
> *Would you be so kind as to wait here?*
> **¿Sería tan amable de esperar aquí?**
>
> *Would you be so kind as to bring me the street map?*
> **¿Sería tan amable de traerme el plano?**
>
> *Will you order two white coffees?*
> **¿Quiere usted pedir dos cafés con leche?**

Notice, by the way, how we express *let's* - **vamos a**. For example:

> *Let's visit the town.*   **Vamos a visitar la ciudad.**
> *Let's speak Spanish.*   **Vamos a hablar español.**

Enough grammar. We'd like you now to listen to today's conversation again, but this time without interruptions. Ready?

> 'Perdón, señor. ¿Hay una oficina de turismo por aquí?'
> 'Sí, señora. Vaya todo derecho. Tome la segunda calle a la izquierda. La oficina de turismo está enfrente de correos.'
> 'Gracias, señor.'
>
> 'Buenos días, señor. ¿Tiene usted un plano de la ciudad, por favor?'
> 'Sí, señora. Tenga.'
>
> '¿Tiene una lista de excursiones en autocar?'
> 'Sí.'
>
> '¿Tiene un mapa de la región?'
> 'Sí.'
>
> '¿Hay un folleto en inglés sobre la ciudad?'
> 'Sí, tenemos folletos en inglés, en italiano, en francés, en alemán y en japonés - y en español.'
>
> 'Muchas gracias.'
> 'De nada.'

Before we end this lesson, here are the numbers from 11 to 20 (please repeat):

- 11 **once**
- 12 **doce**
- 13 **trece**
- 14 **catorce**
- 15 **quince**
- 16 **dieciséis**
- 17 **diecisiete**
- 18 **dieciocho**
- 19 **diecinueve**
- 20 **veinte**

In a few moments we are going to ask you to take part in a short conversation. So here now are the new words you will need ... just listen:

the public	**el público / el público**
the trip	**el paseo / el paseo**
the boat	**el barco / el barco**
the boat trip	**el paseo en barco**
the architect	**el arquitecto / el arquitecto**
opens	**abre / abre**
closes	**cierra / cierra**
begins	**empieza / empieza**
when	**cuándo / cuándo**
at what time	**a qué hora / a qué hora**
who	**quién / quién**

Now, imagine you're sightseeing in a Spanish town. You'd like to visit the castle but you're not sure if it's open to the public. Ask that lady with the straw hat:

'**Perdón, señora. ¿El castillo está abierto al público?**'

You could also have said:
¿Está abierto el castillo al público?
or: **¿Está el castillo abierto al público?**

(Word order in Spanish is very flexible.)

The lady doesn't answer. She just shrugs her shoulders.
Ask her at what time the museum opens:
    '**¿A qué hora abre el museo?**'

She just shakes her head. Ask her when the boat trip begins:
    '**¿Cuándo empieza el paseo en barco?**'

Again, she just shrugs her shoulders. Try one more time.
Ask her who the architect of the church is:
    '**¿Quién es el arquitecto de la iglesia?**'

At last she gives you a reply:
    '*Sorry love, I'm from London. I don't speak a word of Spanish!*'

Vamos a Visitar la Ciudad
Let's Visit the Town

Masculine Words

el plano street map
el mapa map
el folleto leaflet, brochure
el autocar coach
el barco boat
el museo museum
el castillo castle
el palacio palace
el parque park
el ayuntamiento town hall
el museo de arte art gallery
los grandes almacenes
  department store(s)
el semáforo traffic lights
el puente bridge
el público public
el arquitecto architect
el paseo trip, walk

Feminine Words

la ciudad town, city
la oficina de turismo
  tourist office
la catedral cathedral
la iglesia church
la tienda shop
la calle street
la plaza square
la región region
la lista list
la excursión excursion
la invitación invitation

Which Way?

¿Por dónde se va a...?
  How do I get to...?
todo derecho straight on
gire a la izquierda turn to
  the left
gire a la derecha turn to
  the right

Questions

¿A qué hora...? At what
  time...?
¿Cuándo...? When...?
¿Quién...? Who...?

Languages and Nationalities

inglés(-a, -es, -as) English
español-a,-es, -as) Spanish
francés(-a, -es, -as) French
japonés(-a, -es, -as) Japanese
alemán(-a, -es, -as) German
italiano(-a, -os, -as) Italian

Giving Instructions

tome(n) take
cruce(n) cross
venda(n) sell
escriba(n) write
vaya(n) *(irreg.)* go

Negatives

No hablo español. I don't
  speak Spanish.
No está lejos. It's not far.

Checklist 5

Making Suggestions

Vamos a visitar...
   Let's visit...
Vamos a escribir...
   Let's write...

Making Requests

¿Quiere usted traerme...?
   Will you bring me...?
¿Sería usted tan amable de...?
   Would you be so kind as to...?

Numbers

11	**once**	16	**dieciséis**
12	**doce**	17	**diecisiete**
13	**trece**	18	**dieciocho**
14	**catorce**	19	**diecinueve**
15	**quince**	20	**veinte**

Verbs

visitar   to visit
llenar   to fill
tomar   to take
cruzar   to cross
girar   to turn
continuar   to continue
telefonear   to telephone
esperar   to wait
hablar   to speak
cerrar (*irreg.*)   to close
empezar (*irreg.*)   to begin
traer (*irreg.*)   to bring
pedir (*irreg.*)   to order, ask for
abrir   to open
ir (*irreg.*)   to go

Other Words/Expressions

Perdón...   Excuse me...
muchas gracias   many thanks
de nada   you're welcome
sobre   on, concerning
hasta   as far as, until

For Reference -

Important Irregular Verbs:

Ir
Present
   voy
   va
   vamos
   van
fam. form
   vas
   vais

Cerrar
Present
   cierro
   cierra
   cerramos
   cierran
fam. form
   cierras
   cerráis

Traer
Present
   traigo
   trae
   traemos
   traen
fam. form
   traes
   traéis

Empezar
Present
   empiezo
   empieza
   empezamos
   empiezan
fam. form
   empiezas
   empezáis

Pedir
Present
   pido
   pide
   pedimos
   piden
fam. form
   pides
   pedís

Situation 6

Let's Consult a Doctor
Vamos a Consultar a un Médico

As a result of too much rich food, good wine and sunshine, visitors to Spain sometimes need to consult a Spanish doctor. You may need treatment for such things as stomach upsets, sore throats, a slight fever, sunburn and so on. So we thought that we would devote this short lesson to the study of some words and expressions, which we hope you'll never need, but which nevertheless might just turn out to be useful.

Let's imagine that last night you were celebrating your birthday in a Spanish restaurant and that you may have eaten and drunk just a little too much. At the moment you're feeling a little under the weather and you've asked a Spanish doctor to call. He knocks on your hotel room door, he comes in and says:
> **'Buenos días, señora.'**

The word you use to address a *doctor* is **doctor**, so would you reply now:
> **'Buenos días, doctor.'**

Tell him you are ill:
> **'Estoy enferma.'**
> (a man would have said **estoy enfermo**)

He asks:
> **'¿Qué tiene?'**
> *'What's wrong with you?'*
> (Literally: *'what do you have?'*)
> **'¿Qué tiene?'**

Reply that you've been vomiting ... but first, here are the new words:
> *I have been*   **he estado / he estado**
> (notice that we don't use **tengo** here because **tengo** means *'I have'* in the sense of *'I possess'*)

> *vomiting*   **vomitando**

> **'He estado vomitando ...'**

Add:
> '... all night.'
> (say 'all the night')
> *all* is **todo** (masculine) or **toda** (feminine)

'**... toda la noche.**'

Mention also that you have stomach-ache - say *'to me aches the stomach'*:

to me	**me**
aches	**duele / duele**
the stomach	**el estómago / el estómago**

'**Me duele el estómago.**'

The doctor says:
'**Voy a examinarla.**'
'I'm going to examine you.'
(to a man he would say **voy a examinarle**)

voy	*I'm going*
examinar	*to examine*
le (m) or **la** (f)	*you*

He asks you to open your mouth:
'**Abra la boca.**'

la boca   *the mouth*

'**Abra la boca.**'

'**Voy a tomarle la tensión.**'
'I'm going to take your blood pressure.'
(Literally: *'I'm going to take to you the blood pressure.'*)

tomar   *to take*
le means both *you* and *to you*
la tensión   *the blood pressure*

'**Voy a tomarle la tensión.**'

At this point we must leave the scene in the hotel room, at least for the time being, because it's time for some more explanations.

We can't go on just talking in the present tense. You'll often want to talk about the past, about what you have done recently. You'll also need to talk about the future.

This is how you discuss the past. In the case of **-ar** verbs just remove the **-ar** and add **-ado**, like this:

> **comprar - comprado**
> **invitar - invitado**
> **copiar - copiado**
> **pagar - pagado**

When you've done that, choose part of the verb **haber**, *to have*. Here's the verb **haber**:

I have	**he**
he/she/it has	**ha**
we have	**hemos**
they have	**han**

Remember, of course, that the forms **ha** and **han** will also be used for *'you'*. Please repeat: **he, ha, hemos, han**.

So, if you want to say
> *I have bought,* you say **he comprado**
> *he or she has invited* **ha invitado**
> *we have copied* **hemos copiado**

Could you continue ...?
> *they have paid* **han pagado**
> *you have taken* **usted ha tomado**
> *you (pl.) have examined* **ustedes han examinado**

In the case of **-er** and **-ir** verbs, use **-ido** in place of **-ado**:
> *I have eaten* **he comido**
> *we have sold* **hemos vendido**

How would you say:
> *they have received* **han recibido**
> *I have learnt* **he aprendido**
> *we have drunk* **hemos bebido**

And now for the future. You can do in Spanish what you do in English, that's to say use the verb *to be going* - **ir / ir**, followed by *to* - **a**. Here are the various forms of the verb **ir** (please repeat):

I am going	**voy**
he/she/it is going	**va**
we are going	**vamos**
they are going	**van**

Here are some examples:

I'm going to examine you	**voy a examinarla**
he's going to buy	**va a comprar**
you're going to receive	**usted va a recibir**

> **COULD YOU TRANSLATE THE FOLLOWING?**
>
> *we're going to telephone*
> **vamos a telefonear**
>
> *she's going to sell*
> **va a vender**
>
> *they're going to visit*
> **van a visitar**
>
> *I'm going to buy*
> **voy a comprar**

Before we go on we'd like to give you some more expressions that you might find useful on holiday. Please repeat:

I have earache	**me duele el oído / me duele el oído**
I have a headache	**me duele la cabeza / me duele la cabeza**
I have backache	**me duele la espalda / me duele la espalda**
I have a sore throat	**me duele la garganta / me duele la garganta**
I have diarrhoea	**tengo diarrea / tengo diarrea**
I have a temperature	**tengo fiebre / tengo fiebre**
I have sunburn	**me he quemado en el sol / me he quemado en el sol**

(**Me he quemado en el sol** means literally: *I myself have burnt in the sun* - **quemar** *to burn*, **el sol** *the sun*.)

But let's look on the bright side; here's the Spanish for *I'm already feeling much better* - **Ya me siento mucho mejor**.

ya	*already*
me siento	*I feel*
mucho	*much*
mejor	*better*

And now we must return to that hotel room where you're being examined by a Spanish doctor. You'll remember he had just taken your blood pressure - **la tensión** ... He asks you a question:
'**¿Qué ha comido usted recientemente?**'
'What have you eaten recently?'

When you hear the question again, reply simply: *'Fish'*.
'**¿Qué ha comido usted recientemente?**'
'**Pescado.**'

Add:
'And the wine was excellent.'
(*was* is **estaba / estaba** and
excellent is **excelente / excelente**)

'**Y el vino estaba excelente.**'

Hmm ... I think the doctor is about to make his diagnosis:
'**No es grave.**'
'It's not serious.'
(the Spanish word **no** meaning *not* is placed in front of the verb)

'**No es grave.**'

'**Voy a darle una receta.**'
'I'm going to give you a prescription.'

dar	*to give*
la receta	*the prescription*

'**Voy a darle una receta.**'

Perhaps we could pause here for a moment and just go over the dialogue again but this time without interruptions. Ready? Just listen:

> '**Buenos días, señora.**'
> '**Buenos días, doctor, estoy enferma.**'

> '**¿Qué tiene?**'
> '**He estado vomitando toda la noche. Me duele el estómago.**'

> '**Voy a examinarla. Abra la boca ... hmm ... voy a tomarle la tensión ¿Qué ha comido usted recientemente?**'
> '**Pescado, y el vino estaba excelente.**'

> '**Hmm ... No es grave. Voy a darle una receta.**'

Finally the doctor says:
> '**Y ahora voy a ponerle una inyección.**'
> *'And now I'm going to give you an injection.'*
> (Literally: *'and now I'm going to put to you an injection.'*)

ahora	*now*
poner	*to put*
la inyección	*the injection*

When the doctor repeats that last sentence, reply in a worried tone: *'An injection?'*
> '**Y ahora voy a ponerle una inyección.**'
> '**¿Una inyección?**'

And add:
> *'Oh no, doctor! I'm already feeling much better!'*
> '**¡Oh no, doctor! ¡Ya me siento mucho mejor!**'

Checklist 6

Vamos a Consultar a un Médico
Let's Consult a Doctor

Masculine Words

el médico doctor
el doctor doctor
el estómago stomach
el oído ear
el sol sun

Feminine Words

la cabeza head
la boca mouth
la garganta throat
la espalda back
la tensión blood pressure
la fiebre fever
la diarrea diarrhoea
la inyección injection
la receta prescription

Descriptions

todo(-a, -os, -as) all
***excelente(-s)** excellent
***grave(-s)** serious

Adjectives ending in -e do not change in the feminine, but they add -s in the plural.

Other Words/Expressions

he estado vomitando I've been vomiting
ya me siento mucho mejor I already feel much better

What Seems to Be the Problem?

¿Qué tiene usted? What's wrong with you?
me duele el estómago I have stomach-ache
me duele la garganta I have a sore throat
tengo fiebre I have a temperature

When?

ahora now
recientemente recently

A Little Grammar

le invito I invite him/you *(m)*
la invito I invite her/you *(f)*
les examina he examines them/you *(m pl)*
las examina he examines them/you *(f pl)*
le escribo I write to him/to her/to you
les escribo I write to them/to you *(pl)*
voy a examinarle/-la/-les/-las I'm going to examine you
fam. form
te invita he invites you
te escribe he writes to you
os invita he invite you *(pl)*
os escribe he writes to you *(pl)*

Checklist 6

The Past (Perfect) Tense: -ar Verbs

he comprado I have bought
ha aceptado he/she has accepted, you have accepted
hemos copiado we have copied
han pagado they/you (*pl*) have paid
fam. form
has invitado you have invited
habéis tomado you (*pl*) have taken

The Past (Perfect) Tense: -er/-ir Verbs

he comido I have eaten
ha aprendido he/she has learnt, you have learnt
hemos vendido we have sold
han vivido they/you have lived
fam. form
has recibido you have received
habéis vivido you (*pl*) have lived

Verbs

consultar to consult
vomitar to vomit
examinar to examine
quemar to burn
dar (*irreg.*) to give
poner (*irreg.*) to put
estaba was
estaban were

The Future (With -ir)

voy a beber I'm going to drink
va a llenar he/she is going to fill, you're going to fill
vamos a comprar we're going to buy
van a traer they're going to bring, you (*pl*) are going to bring
fam. form
vas a abrir you're going to open
vais a visitar you (*pl*) are going to visit

For Reference -

Important Irregular Verbs:

Dar
Present
 doy
 da
 damos
 dan
fam. form
 das
 dais
Past
 he dado

Poner
Present
 pongo
 pone
 ponemos
 ponen
fam. form
 pones
 ponéis
Past
 he puesto

Escribir
Past
 he escrito

SITUATION 7

AT THE BANK
EN EL BANCO

At some time during your stay in Spain or Latin America you'll almost certainly have to go to a bank in order to change pounds, dollars or traveller's cheques into the local currency. In this lesson we're going to teach you the words and expressions you're most likely to need.

But I think the first thing to do is to ask that young lady over there - the one with the unusual sunglasses - where the nearest bank is. The Spanish for *the nearest bank* is **el banco más cercano / el banco más cercano** (literally: *the bank most near*). Ask the young lady now ...

    'Perdón, señorita. ¿Dónde está el banco más cercano, por favor?'
    'Oh, el banco no está lejos ...'
    'Oh, the bank isn't far ...'

    'Gire a la derecha aquí ...'
    'Turn right here ...'

    'Tiene un banco a la izquierda.'
    'You have a bank on the left.'

Listen again:
    'Perdón, señorita. ¿Dónde está el banco más cercano, por favor?'
    'Oh, el banco no está lejos. Gire a la derecha aquí. Tiene un banco a la izquierda.'

You manage to find the bank without difficulty. You go in. Say good morning to the young lady clerk: **'Buenos días, señorita.'** Say to her: *'I'd like to change my English money into pesetas, please.'* But just before you start, let's make sure you know all the words (please repeat):

    to change   **cambiar / cambiar**
    the money   **el dinero / el dinero**

My English money in Spanish becomes *'my money English'* because adjectives usually come after the nouns in Spanish:
> **mi dinero inglés**

> *into pesetas*   **en pesetas / en pesetas**

Fine, now tell the clerk what you want:
> **'Quisiera cambiar mi dinero inglés en pesetas, por favor.'**

She replies:
> **'Sí, señor. ¿Cuánto dinero quiere usted cambiar?'**
> *'Yes, sir. How much money do you want to change?'*

When she asks you that question again, reply: *'One hundred pounds'* - *'one hundred'* is simply **ciento**, but **ciento** is shortened to **cien** before a noun. *The pound* is **la libra / la libra**. Right, here's the bank clerk's question again:
> **'¿Cuánto dinero quiere usted cambiar?'**
> **'Cien libras.'**

As she takes your money, she says:
> **'Su pasaporte, por favor.'**

Pasaporte? Oh, dear, you haven't got your passport. You've left it back at the hotel. Say: *'I'm sorry, I haven't got my passport with me.'* But first, here are the new words:

> *I'm sorry*   **perdone / perdone**
> *with me*   **conmigo / conmigo**

So say now:
> *'I'm sorry, I haven't got my passport with me.'*
> **'Perdone, no tengo mi pasaporte conmigo.'**

She seems concerned:
> **'¿Puede usted darme su carnet de identidad?'**
> *'Can you give me your identity card?'*

> **puede** comes from the verb **poder**, *to be able*

> **puede usted**   *can you*
> **el carnet de identidad**   *the identity card*
> (plural: **los carnets de identidad**)

When she asks again for your identity card, reply: *'Identity cards don't exist in Britain'* - but say *the* identity cards - here are the words you'll need:

to exist	**existir / existir**
Britain	**Gran Bretaña / Gran Bretaña**

Ready?
'**¿Puede usted darme su carnet de identidad?**'
'**Los carnets de identidad no existen en Gran Bretaña.**'

'**No puedo cambiarle dinero sin identificación.**'
'I can't change money for you without identification.'
(Literally: *'I can't change to you money.'*)

puedo	*I can*
no puedo	*I can't*
sin	*without*
identificación	*identification*

Let's leave the problem at the bank for the time being, because it's time now for one or two explanations. We have to look at two very important verbs - *to want*, **querer**, and *to be able*, **poder**. Let's take **querer** first. Please repeat:
(*I want,* etc.) **quiero, quiere, queremos, quieren**

Here's an example of its use: *I want to work in Spain* **Quiero trabajar en España** (*to work* is **trabajar**). We'll give you a little more practice, but first learn these words. Please repeat:

the traveller's cheque	**el cheque de viajero / el cheque de viajero**
American dollars	**dólares americanos / dólares americanos**

Now translate:
I want to change some traveller's cheques (omit *'some'*).
Quiero cambiar cheques de viajero.

We want to change some American dollars.
Queremos cambiar dólares americanos.

She wants to telephone the bank (say: <u>to</u> *the bank*).
Quiere telefonear al banco.

(**Quisiera**, *I would like*, the expression you learnt in Situation 1, comes from the verb **querer**).

And now the verb **poder**. Please repeat the forms for *I can* and so on:

puedo, puede, podemos, pueden

And a little practice, but first learn these words (repeat):

the credit card	**la tarjeta de crédito / la tarjeta de crédito**
the telex	**el télex / el télex**
to say or *to tell*	**decir / decir**
to be worth	**valer / valer**
to send	**mandar / mandar**

> NOW TRANSLATE THE FOLLOWING INTO SPANISH:
>
> *Can I pay with this credit card?*
> **¿Puedo pagar con esta tarjeta de crédito?**
>
> *Can you tell me how much the pound is worth?*
> (say: *'Can you tell me how much is worth the pound?'*)
> **¿Puede usted decirme cuánto vale la libra?**
>
> *They can send a telex today.*
> **Pueden mandar un télex hoy.**

Just before we return to the problem you're having at the bank, we'd like you to learn the numbers from 21 to 30. Just listen:

 21 **veintiuno**
 22 **veintidós**
 23 **veintitrés**
 24 **veinticuatro**
 25 **veinticinco**

67

26 veintiséis
27 veintisiete
28 veintiocho
29 veintinueve
30 treinta

We'd also like to give you a few more useful expressions connected with the bank ... listen:

How much do you charge in commission?
¿Cuánto cobran ustedes de comisión?

Sign here, please.
Firme aquí, por favor.

you give me small notes?
¿Puede darme billetes pequeños?

Will you go to the cashier's desk?
¿Quiere ir a la caja?

Perhaps you could repeat the new words:

the commission	**la comisión**
the banknote	**el billete de banco**
the cashier's desk	**la caja**
small notes	**billetes pequeños**
large notes	**billetes grandes**
to charge	**cobrar**
to sign	**firmar**

Now, before you try to sort out your problem at the bank. I think it would be useful if we heard the conversation so far again, without interruptions. Just listen:

'**Perdón, señorita. ¿Dónde está el banco mas cercano, por favor?**'
'**Oh, el banco no está lejos. Gire a la derecha aquí. Tiene un banco a la izquierda.**'

'**Buenos días, señorita. Quisiera cambiar mi dinero inglés en pesetas, por favor.**'
'**Sí, señor. ¿Cuánto dinero quiere usted cambiar?**'
'**Cien libras.**'
'**Su pasaporte, por favor.**'
'**Perdone, no tengo mi pasaporte conmigo.**'

'¿Puede usted darme su carnet de identidad?'
'Los carnets de identidad no existen en Gran Bretaña.'
'No puedo cambiarle dinero sin identificación.'

The bank clerk is insisting on seeing some form of identification:
No puedo cambiarle dinero sin identificación.

To express *nothing* in Spanish we put **no** before the verb and **nada** after, **nada**. So, would you say in a sad voice:
'*I have nothing.*'
'**No tengo nada.**'

But just a moment! What about the credit card you have in your wallet? That might be acceptable. Let's try. Say:
'*I have a credit card.*'
'**Tengo una tarjeta de crédito.**'

Show her the card. She takes it, she studies it, and then she says in English:
'*Yes sir. That will do nicely!*'

CHECKLIST 7

En el Banco
At the Bank

Masculine Words

el dinero money
el dólar dollar
el billete de banco banknote
el viaje journey
el cheque de viajero traveller's cheque
el carnet de identidad identity card
el crédito credit
el télex telex

Feminine Words

la libra pound
la tarjeta card
la tarjeta de crédito credit card
la comisión commission
la caja cashier's desk
la identificación identification
Gran Bretaña Great Britain

Descriptions

cercano near
pequeño small
***grande** large

*grande *becomes* **gran** *before a singular noun.*

Nationalities

americano American

A little Grammar

el banco más cercano the nearest bank
la farmacia más cercana the nearest chemist's
mi dinero inglés my English money

Negatives

No tengo nada. I have nothing.

Other words/Expressions

Perdone. I'm sorry.
conmigo with me
sin without
más more, most

Numbers

21 veintiuno
22 veintidos
23 veintitrés
24 veinticuatro
25 veinticinco
26 veintiséis
27 veintisiete
28 veintiocho
29 veintinueve
30 treinta

Checklist 7

Verbs

cambiar to change
cobrar to charge
firmar to sign
trabajar to work
mandar to send
perdonar to excuse
querer *(irreg.)* to want
poder *(irreg.)* to be able
valer *(irreg.)* to be worth
existir to exist
decir *(irreg.)* to say, tell

For Reference -

Important Irregular Verbs:

Querer
Present
   quiero
   quiere
   queremos
   quieren
fam. form
   quieres
   queréis
Past
   he querido

Poder
Present
   puedo
   puede
   podemos
   pueden
fam. form
   puedes
   podéis
Past
   he podido

Decir
Present
   digo
   dice
   decimos
   dicen
fam. form
   dices
   decís
Past
   he dicho

Situation 8

Let's Telephone Our Friends
Vamos a Telefonear a Nuestros Amigos

At least once during your stay in Spain, you'll want to telephone your family and friends at home. It's quite easy to do this from a telephone booth in the street, but in this case you'll need to have the right coins ready. You may prefer to go to a telephone office where you can make your call and pay at the end.

We'd like you to imagine that you've just walked into the telephone office, **la Telefónica**, in Barcelona. Tell the clerk over there, the one with the nice smile, that you'd like to phone Manchester:

'**Quisiera telefonear a Manchester, por favor.**'

In place of **telefonear**, you could have used the verb **llamar**, *to call*. The clerk replies:
'**Sí, señor. Es muy fácil llamar a Manchester.**'
'Yes sir. It's very easy to call Manchester.'

fácil *easy*
(*difficult* would be **difícil**)

She continues:
'**Para llamar a Manchester marque el cero siete.**'
'In order to call Manchester dial zero seven.'
(Literally: '... the 07.')

para means both *for* and *in order to* **marcar** is *to dial*

'**Después marque el cuarenta y cuatro para Gran Bretaña.**'
'Then dial four four (literally: *'forty four'*) *for Britain.'*

después *then*
cuarenta y cuatro *forty four*

> **'Marque el ciento sesenta y uno para Manchester y finalmente el número de teléfono.'**

Reply:

> *'Fine. Which booth?'*
>
> *which* is **qué**
> *the booth* is **la cabina**
>
> **'Bien. ¿Qué cabina?'**
> **'Cabina número ocho.'**

Thank her ...

> **'Gracias, señora.'**

So, you go to **cabina número ocho** - what number is that? 8 - you pick up the receiver, and you dial Margaret's number. Margaret is your English friend. ... Good, the number's ringing.

> **'Dígame. Dígame.'**
> *'Hello? Hello?'*

What did she say? **Dígame?** That can't be Margaret. Check:

> *'Margaret?'*
> **'¿Margaret? No, me llamo María-Luisa.'**
> *'No, my name is Maria-Luisa.'*
> (Literally: *'I call myself Maria-Luisa.'*)

Good heavens! What number have you got? It can't be Manchester, she's speaking Spanish. Apologise:

> **'Perdone, señorita.'**

Tell her you're trying to phone your friend in Manchester: *to try* is **intentar** and *I am trying* is **estoy intentando**. The ending **-ando** is the equivalent of the English *-ing* ending: **estoy intentando** emphasizes the fact that the action is taking place now. In Spanish you have to say *'I'm trying to phone to my friend'*.

Ready?
> '**Estoy intentando telefonear a mi amiga en Manchester.**'
> '**¿Manchester? Ah no, esto es Sevilla.**'
> *'Manchester? Oh no, this is Seville.'*

María-Luisa asks:
> '**¿Dónde está usted?**'

Tell her you're in Barcelona:
> '**Estoy en Barcelona.**'

> '**¿Qué tiempo hace en Barcelona?**'
> *'What's the weather like in Barcelona?'*
> (Literally: *'What weather does it make in Barcelona?'*)

tiempo means both *time* and *weather;* **hace** comes from the verb **hacer**, *to do* or *to make*

We often use **hacer** when talking about the weather.
For example:

The weather is fine	**Hace buen tiempo**
The weather is bad	**Hace mal tiempo**
It's cold	**Hace frío**
It's warm	**Hace calor**
It's sunny	**Hace sol**
It's windy	**Hace viento**
But: *It's snowing*	**Nieva**
and: *It's raining*	**Llueve**

When you hear Maria-Luisa's question again, reply: *'It's raining'*.
> '**¿Qué tiempo hace en Barcelona?**'
> '**Llueve.**'

Ask her what the weather's like in Seville:
> '**¿Qué tiempo hace en Sevilla?**'
> '**Aquí hace buen tiempo.**'
> *'Here the weather's fine.'*

Well, we must interrupt this conversation with the charming Maria-Luisa for the time being because it's time for some more explanations.

First, here are the names of some countries - listen:

the United States	los Estados Unidos / los Estados Unidos
France	Francia / Francia
Germany	Alemania / Alemania
Italy	Italia / Italia
Switzerland	Suiza / Suiza

The title of this lesson is *'Let's telephone our friends'*; perhaps we should look more closely at the Spanish for *our, your, his, her* and so on.

My is **mi**, plural **mis**. *His* is **su**. In fact, **su** also means *her, its, your* and *their* - and the plural is **sus**. *Our* is not so simple; we have **nuestro** (plural **nuestros**) which is used with masculine nouns, and **nuestra** (plural **nuestras**) which is used with feminine nouns.

You were probably surprised to learn that there's only one word to express *his, her, its, your* and *their* - namely, **su** (plural **sus**). But there's rarely any confusion because the context makes the meaning clear. Here are some examples:

my husband	**mi marido**
your wife	**su mujer**
her son	**su hijo**
his daughter	**su hija**
our children	**nuestros hijos**
our keys	**nuestras llaves**

In the last two examples, do note that both men and women will use the forms **nuestros** and **nuestras** because **nuestro** agrees with the thing possessed, not with the possessor.

If, during your conversation with a Spanish person, you feel that your use of **su** could result in a misunderstanding, you can use a different expression. You can say:

his luggage	**el equipaje de él**
her car	**el coche de ella**
their hotel	**el hotel de ellos**
their key (referring to women)	**la llave de ellas**
your room	**la habitación de usted**
your passports	**los pasaportes de ustedes**

And now for a short test.

> **PLEASE TRANSLATE, USING THE NORMAL FORMS:**
>
> *My traveller's cheques*
> **Mis cheques de viajero**
>
> *Your credit card*
> **Su tarjeta de crédito**
>
> *Her profession*
> **Su profesión**
>
> *Our telephone*
> **Nuestro teléfono**
>
> *Their drinks*
> **Sus bebidas**

Here are some more expressions connected with telephoning that you might find useful:

the telephone booth	**la cabina telefónica**
the telephone call	**la llamada**
the person-to-person call	**la llamada de persona a persona**
the reverse-charge call	**la llamada a cobro revertido**
to make a call	**hacer una llamada**
the line	**la línea**
the dialling code	**el prefijo**
engaged	**ocupado**
hold the line	**no cuelgue**
you have the wrong number	**tiene el número equivocado**
I've been cut off	**me han cortado**

Now, how would you say in Spanish:
>Where's the nearest telephone booth?
>**¿Dónde está la cabina telefónica más cercana?**

>What is the dialling code for London?   (say: <u>of</u> London)
>**¿Cuál es el prefijo de Londres?**

>I'd like to make a person-to-person call.
>**Quisiera hacer una llamada de persona a persona.**

>I'd like to make a reverse charge call.
>**Quisiera hacer una llamada a cobro revertido**

>It's a bad line.
>**Es una línea mala.**

If you heard the following comments, what would they mean?

>**La línea está ocupada.**
>*The line's engaged.*

>**Tiene el número equivocado.**
>*You have the wrong number.*

Back now to more interesting things. Let's return to María-Luisa. You'll remember she has just told you the weather was fine in Seville (**Aquí hace buen tiempo**). Ask her if Seville is a beautiful city (say: *'city beautiful'*, beautiful is **bonito**):

>'**¿Sevilla es una ciudad bonita?**'
>'**Sí, es una ciudad muy bonita. La arquitectura es magnífica.**'
>'*... The architecture is splendid.*'

la arquitectura	*the architecture*
magnífico	*splendid, wonderful*

>'**En Sevilla hay muchas iglesias bonitas.**'
>'*In Seville there are many beautiful churches.*'

mucho (fem. **mucha**)	*a great deal of*
muchos (fem. **muchas**)	*many*

'**Hay también muchos museos aquí.**'
'There are also many museums here.'

'**En Sevilla hay una universidad y una de las catedrales más grandes del mundo.**'
'In Seville there's a university and one of the largest cathedrals in the world.'

el mundo	*the world*

'**Y es también un centro industrial importante.**'
'And it's also an important industrial centre.'

el centro	*the centre*
industrial	*industrial*
importante	*important*

Would you say to María-Luisa now: *'Thank you for such an interesting conversation.'* - *for such an interesting conversation* is:
por una conversación tan interesante
(literally: *for a conversation so interesting*).

Ready?
'**Gracias por una conversación tan interesante.**'

una conversación interesante
an interesting conversation

una conversación tan interesante
such an interesting conversation

Say goodbye to her (*goodbye*, **adiós**):
'**Adiós, María-Luisa.**'

Once again you dial Margaret's number in Manchester. Oh dear, it's engaged; you could try again tomorrow. You leave the booth and you return to the clerk at the counter.

She asks:
'**¿Ha podido hablar con Manchester, señor?**'
'Have you been able to talk to Manchester?'

When you hear that question again, reply: *'No, the line's engaged.'*:
    '¿Ha podido hablar con Manchester, señor?'
    'No, la línea está ocupada.'

The clerk looks surprised because she can see from her meter that in fact you spoke for several minutes. She simply says:
    'Quinientas pesetas, por favor.'
    '500 pesetas, please.'

CHECKLIST 8

Vamos a Telefonear a Nuestros Amigos
Let's Telephone Our Friends

Masculine Words

el amigo friend
el marido husband
el hijo son
los hijos children
el número number
el teléfono telephone
el número de teléfono
  telephone number
el prefijo dialling code
el mundo world
el centro centre
el tiempo weather

Feminine Words

la amiga friend
la mujer wife, woman
la hija daughter
la Telefónica
  Telephone Office
la cabina booth
la cabina telefónica
  telephone booth
la llamada call
la llamada de persona a persona person-to-person call
la línea line
la conversación
  conversation
la arquitectura
  architecture

Countries

los Estado Unidos
  the United States
Francia France
Alemania Germany
Italia Italy
Suiza Switzerland

Descriptions

fácil easy
difícil difficult
ocupado engaged, busy
equivocado wrong
bonito beautiful
magnífico splendid
interesante interesting
industrial industrial
importante important

My, Your, His, Her, etc.

mi, mis my
su, sus his, her, its, your, their
nuestro(-a, -os, -as) our
fam. form
tu, tus your
vuestro(-a, -os, -as)
  your *(pl)*

Much, many

mucho(-a) much
muchos(-as) many

Checklist 8

What's the Weather Like?

¿Qué tiempo hace?
   What's the weather like?
Hace buen tiempo.
   The weather's fine.
Hace mal tiempo.
   The weather's bad.
Hace frío.   It's cold.
Hace calor.   It's warm.
Hace sol.   It's sunny.
Hace viento.   It's windy.
Nieva.   It's snowing.
Llueve.   It's raining.

Other Words/Expressions

para   for; in order to
por   for
esto   this
tan   so
qué   which, what
después   afterwards
finalmente   finally
dígame   hello *(on the phone)*
adiós   goodbye
Me llamo...   My name is...

Numbers

0   **cero**
40   **cuarenta**
44   **cuarenta y cuatro**
60   **sesenta**
61   **sesenta y uno**
100   **ciento**
500   **quinientos(-as)**

Verbs

llamar   to call
marcar   to dial
colgar *(irreg.)*   to hang up
no cuelgue   hold the line
cortar   to cut (off)
intentar   to try
estoy intentando   I'm trying
hacer *(irreg.)*   to do, make

For Reference -

Important Irregular Verb:

Hacer
Present
   hago
   hace
   hacemos
   hacen
fam. form
   haces
   hacéis
Past
   he hecho

SITUATION 9

AT LAST WE'VE ARRIVED
AL FIN HEMOS LLEGADO

Today is the day you arrive at your destination in Spain. You've rented an apartment by the sea for two weeks ...
an apartment by the sea - **un apartamento junto al mar**.
You've been driving all day, and now at last you've arrived.
The apartment block is absolutely charming and you're delighted.
The front door is opened by a Spanish lady who says:

> **'Buenas tardes, señor, señora. Soy la señora Martínez, la propietaria.'**
> *'Good evening. I'm Sra. Martínez, the owner.'*

She continues:
> **'Ustedes son el señor y la señora Smith, sin duda.'**
> *'You are Mr. and Mrs. Smith, no doubt.'*

la duda	*the doubt*
sin duda	*without doubt*

As you shake hands, reply:
> *'Yes, how do you do.'*
> (Say: *'much pleasure'* - *pleasure* is **gusto**)
> **'Sí, mucho gusto.'**

Go on to say:
> *'We've reserved the apartment for two weeks.'*
> **'Hemos reservado el apartamento para dos semanas.'**
> **'Sí, eso es -...'**
> *'Yes, that's correct -...'*
> **'entren, entren.'**
> *'come in, come in.'*

eso es	*that's correct*
entrar	*to enter*

Sra. Martínez suggests you see the apartment right away:

'**Vamos a ver el apartamento ahora mismo.**'

| **ver** | *to see* |
| **ahora mismo** | *right now* (literally: *'now right'*) |

The usual meaning of **mismo** is *same*:

| *the same hotel* | **el mismo hotel** |
| *the same university* | **la misma universidad** |

The first room you visit is the living room:
'**Esto es el salón.**'

Walk over to the window and say:
'There's a beautiful view over the sea.'
the view	**la vista**
over	**a**
the sea	**el mar**
'**Hay una vista bonita al mar.**'

'**Sí, es verdad.**'
'Yes, it's true.'

la verdad   *the truth*

Sra. Martínez points to the TV set:
'**Hay un televisor. Es completamente nuevo.**'
'There's a TV set. It's brand new.'

| **completamente** | *completely* |
| **nuevo** | *new* |

'**Lo compré hace un mes.**'
'I bought it a month ago.'
(Literally: *'it I bought it makes a month'*)

Compré, *I bought*. This is a new past tense for us; it's called the past historic - but more about this tense in a moment. **Hace**, *ago*; **hace un mes**, *a month ago*; **hace tres días**, *three days ago*, and so on.

When you hear Sra. Martínez's comments about the TV set again, reply *'Splendid! I like to watch the television.'* Here are the new words:

> *splendid*   **qué bien**
> *I like*   **me gusta**
> (Literally: *'to me it pleases'*, **me gusta**)
> *to watch the television*   **ver la televisión**
> (Literally: *'to see the television'*)

Ready?
> '**Hay un televisor. Es completemente nuevo, lo compré hace un mes.**'
> '**¡Qué bien! Me gusta ver la televisión.**'

If you wanted to say *I like music* you'd say *to me pleases the music* - **me gusta la música**.

Sra. Martínez continues:
> '**Vamos ahora al comedor.**'
> *'Let's go now to the dining room.'*

> **vamos**   *let's go*
> **el comedor**   *the dining room*

As you walk in, say:
> *'The dining room's very large.'*
> '**El comedor es muy grande.**'

> '**Si ustedes deciden comer en el restaurante de la playa, les recomiendo el plato típico de la región - la paella marinera.**'
> *'If you decide to eat in the restaurant on the beach, I recommend the speciality of the region - seafood paella.'*

Sí written with an accent means *yes*, but without an accent it means *if*.

> **decidir**   *to decide*
> **la playa**   *the beach*
> **recomendar**   *to recommend*
> **les recomiendo**   *I recommend to you* (plural)
> **el plato típico**   *the typical dish*
> **la paella marinera**   *seafood paella*

When you hear Sra. Martínez's recommendation again, reply: *'Yes, we intend to eat in the restaurant on the beach.'* - *to intend* is *'to have the intention of'*, **tener la intención de**. Ready?

'Si ustedes deciden comer en el restaurante de la playa, les recomiendo el plato típico de la región - la paella marinera.'

'Sí, tenemos la intención de comer en el restaurante de la playa.'

The next room you visit is the kitchen:
'Esto es la cocina.'

| **la cocina** | *the kitchen* |

Sra. Martínez is very proud of her electric oven ...
'Es un horno eléctrico.'

And she adds even more proudly:
'Aquí todo funciona con electricidad.'
'Here everything works on electricity.'
(Literally: *'with electricity'*)

todo	*everything*
funcionar	*to function*
la electricidad	*the electricity*

'Aquí tiene la nevera.'
'Here you have the fridge.'

'La vajilla está en esta armario.'
'The crockery is in this cupboard.'

| **la vajilla** | *the crockery* |
| **el armario** | *the cupboard* |

Perhaps you could ask now: *'Where are the knives, forks and spoons?'* - here are the new words:

the knife	**el cuchillo**
the fork	**el tenedor**
the spoon	**la cuchara**

Ready?
> '¿Dónde están los cuchillos, los tenedores y las cucharas?'
> 'En este cajón.'
> *'In this drawer.'*

el cajón   *the drawer*

> 'Ahora vamos arriba.'
> *'Let's go upstairs now.'*

arriba   *upstairs*
the opposite, *downstairs*, is **abajo**

As you go up the stairs, ask how many bedrooms there are (*the bedroom* is **el dormitorio**):
> '¿Cuántos dormitorios hay?'
> 'Pues hay tres dormitorios.'
> *'There are three bedrooms.'*

You enter the first bedroom and Sra. Martínez says:
> 'Hay un radiador eléctrico en cada dormitorio.'
> *'There's an electric radiator in each bedroom.'*

el radiador   *the radiator*
cada   *each*

She adds, again rather proudly:
> 'Aquí todo funciona con electricidad.'

She points to the toilet on the right:
> 'Aquí a la derecha está el aseo.'

el aseo   *the toilet*

Would you say at this point:
> *'And on the left is the bathroom.'*
> 'Y a la izquierda está el cuarto de baño.'

Ask if there's a garage (**un garaje**):
> '¿Hay un garaje?'
> 'No, desafortunadamente, no hay garaje.'
> *'No, unfortunately, there's no garage.'*

desafortunadamente   *unfortunately*
fortunately is **afortunadamente**

She adds:
> '**Pero puede aparcar su coche en la calle sin problema.**'
> *'But you can park your car in the street without any problem.'*

aparcar *to park*
el problema *the problem*

Ask now:
> *'What do I do in order to heat the water?'*
> *(to heat* **calentar / calentar***)*
> '**¿Qué hago para calentar el agua?**'
> '**Usted enciende aquí.**'
> *'You switch on here.'*

encenderto *switch on*
the opposite, *to switch off*, is **apagar**

And she adds:
> '**Aquí todo funciona con electricidad.**'

And finally, she gives you the keys to the house ...
> '**¡Qué lo pasen bien!**'
> *'Have a good time!'*
> (Literally: *'that you may spend it well'*)

pasarlo bien *to have a good time*

Now that Sra. Martinez has left, we can look more closely at some of the things she said. Speaking about the TV set, she said: **Lo compré** - *I bought it.* If what she had bought had been a feminine noun, she would have used **la** in place of **lo**; *them* (referring to *things*) would have been **los** (masculine) or **las** (feminine). Notice that these words are placed in front of the verb. Here are a few examples:

I send it (**el cheque**):	**lo mando**
he has signed it (*the bill*, **la cuenta**):	**a ha firmado**
we visit them (**los museos**):	**los visitamos**
they have accepted them: (**las invitaciones**)	**las han aceptado**

The exception to the rule that *them, it* and so on are placed in front of the verb is when you're dealing with the 'to -' form of the verb. Here, although the pronoun can come before the verb, it's often put after, for example:

I'm going to examine you   **voy a examinarle**

And now a brief explanation about the past historic. This tense is used to express a completed action in the past. It translates the English *I arrived, he visited, she bought, we sold*, and so on. The past tense which we have already studied, namely the perfect, translates the English *I have arrived, he has visited, she has bought*, and so on.

Listen to the past historic of the verb **visitar** (*to visit*), which can be taken as a model for the **-ar** verbs:

I visited	**visité**
he/she/you visited	**visitó**
we visited	**visitamos**
they or *you* (pl.) *visited*	**visitaron**

And now here's a little practice:

TRANSLATE:

I bought a car a week ago.
Compré un coche hace una semana.

The bank did not accept the traveller's cheques.
El banco no aceptó los cheques de viajero.

We visited the town last week.
(*last week* is **la semana pasada**)
Visitamos la ciudad la semana pasada.

They spoke Spanish the whole time.
(*the whole time* is **todo el tiempo**)
Hablaron español todo el tiempo.

Did you copy the list yesterday?
(*yesterday* is **ayer**)
¿Copió usted la lista ayer?

Just before we return to the apartment, listen to the numbers from *31* to *40*:

31 **treinta y uno**
32 **treinta y dos**
33 **treinta y tres**
34 **treinta y cuatro**
35 **treinta y cinco**
36 **treinta y seis**
37 **treinta y siete**
38 **treinta y ocho**
39 **treinta y nueve**
40 **cuarenta**

And now it's time to go back to that charming sea-side apartment that's yours for two weeks. We'd like you to imagine the following scene, but listen carefully because there'll be some new words. Ready? Just listen ...

It's late ...	**Es tarde ...**
it's dark outside.	**está oscuro fuera.**
You're watching television.	**Usted ve la televisión.**
Your wife is reading a book,	**Su mujer lee un libro,**
your son is listening to a record.	**su hijo escucha un disco.**
The chicken is cooking ...	**El pollo se cocina ...**
in the electric oven.	**en el horno eléctrico.**
Suddenly ...	**De repente ...**
all the lights go out.	**todas las luces se apagan.**
Sra. Martinez arrives:	**La señora Martínez llega:**

'**¡No es grave!**'
'It's not serious!'

'**¡Es un corte eléctrico!**'
'It's a power cut!'

Will you finish this story now and say to Sra. Martinez:
'And here everything works on electricity!'
'**¡Y aquí todo funciona con electricidad!**'

CHECKLIST 9

Al Fin Hemos Llegado
At Last We've Arrived

Masculine Words

el **apartamento** apartment
el **salón** living room
el **comedor** dining room
el **dormitorio** bedroom
el **garaje** garage
el **aseo** toilet
el **horno** oven
el **armario** cupboard
el **plato** dish
el **cuchillo** knife
el **tenedor** fork
el **cajón** drawer
el **radiador** radiator
el **problema** problem
el **libro** book
el **disco** record
el **propietario** owner
el **mar** sea
el **gusto** pleasure
el **mes** month
el **corte** (power) cut

Feminine Words

la **cocina** kitchen; cooker
la **televisión** television
la **vajilla** crockery
la **cuchara** spoon
la **vista** view
la **playa** beach
la **música** music
la **paella marinera** seafood paella
la **propietaria** owner
la **duda** doubt
la **verdad** truth
la **intención** intention
la **luz** (*pl* **luces**) light
la **electricidad** electricity

Descriptions

mismo same
completo complete
nuevo new
típico typical
eléctrico electric
oscuro dark

Where?

junto a by, near
arriba upstairs
abajo downstairs
fuera outside

Checklist 9

When?

ahora now
ahora mismo right away
hace un mes a month ago
la semana pasada last week
tarde late
temprano early

Other Words/Expressions

al fin at last
sin duda no doubt
Mucho gusto. How do you do?
Eso es. That's correct.
completamente completely
¡Qué bien! Splendid!
¡Qué lo pasen bien! Have a good time!
Me gusta la música. I like music.
Me gustan las naranjas. I like oranges.
Vamos a... Let's go to...
si if
sí yes
todo everything
cada each
afortunadamente fortunately
desafortunadamente unfortunately
de repente suddenly
pues er, um, well

A little Grammar

lo mando I send it (m)
la firma he signs it (f)
los visitamos we visit them (m)
las aceptan they accept them (f)
apagarse: las luces se apagan
cocinarse: el pollo se cocina

Numbers

31 **treinta y uno**
32 **treinta y dos**
35 **treinta y cinco**
39 **treinta y nueve**
40 **cuarenta**

Verbs

llegar to arrive
entrar to enter
funcionar to work (of machines)
escuchar to listen (to)
aparcar to park
recomendar (irreg.) to recommend
calentar (irreg.) to heat
apagar to switch off
apagarse to go out
cocinar to cook
cocinarse to cook (itself)
pasarlo bien to have a good time
leer to read
ver (irreg.) to see
encender (irreg.) to switch on
decidir to decide

Checklist 9

THE PAST HISTORIC TENSE: -AR VERBS

VISITAR (To Visit)

visité I visited
visitó he/she/you visited
visitamos we visited
visitaron they/you (pl) visited
fam. form
visitaste you visited
visitasteis you (pl) visited

FOR REFERENCE -

IMPORTANT IRREGULAR VERBS:

VER
Present
   veo
   ve
   vemos
   ven
fam. form
   ves
   veis
Perfect
   he visto

RECOMENDAR
Present
   recomiendo
   recomienda
   recomendamos
   recomiendan
fam. form
   recomiendas
   recomendáis

CALENTAR
Present
   caliento
   calienta
   calentamos
   calientan
fam. form
   calientas
   calentáis

ENCENDER
Present
   enciendo
   enciende
   encendemos
   encienden
fam. form
   enciendes
   encendéis

SITUATION 10

LET'S GO TO THE MARKET
VAMOS AL MERCADO

Today we're going shopping at the local market. You need fruit, vegetables and cheese. You also need to buy some wine. The market's only a small one, but it is typically Spanish. As you arrive, you hear one of the stallholders inviting people to come nearer:

'**Acérquense señoras, señores. Acérquense.**'

acercarto	*bring nearer*
acercarse	*to bring oneself nearer* or *to approach*

'**¡Doscientas pesetas el kilo de melocotones!**'
'200 pesetas for a kilo of peaches!'

el melocotón	*the peach*

You decide to go over to the stall. There's an enormous selection of fruit: *bananas*, **plátanos**; *pears*, **peras**; *cherries*, **cerezas**; *strawberries*, **fresas**; *oranges*, **naranjas**; *grapes*, **uvas**; *apples*, **manzanas** - and others. Mmm ... just look at those cherries! Ask if they're nice:

'**¿Las cerezas están buenas?**'
'**Están deliciosas. Pruébelas.**'
'They're delicious. Try them.'

probarto	*try, to taste*

He tells you, jokingly, to be careful of the stone:
'**Cuidado con el hueso.**'

cuidado con	*be careful of*
el hueso	*the stone*

You taste the cherries and you like them. Confirm that they are delicious ... '**Sí están deliciosas.**' Ask for a kilo ... '**Un kilo, por favor.**' As he hands you the cherries, he asks:
>'**¿Algo más?**'
>*'Something else?'*
>(Literally: *'something more?'*)
>'**¿Algo más?**'

Ask him if he can choose for you a nice melon for tomorrow. Here are the words you'll need:

to choose	**escoger**
the melon	**el melón**
tomorrow	**mañana**

(Say: *'Can you choose me ...'* - **escogerme**.) Ready?
>'**¿Puede usted escogerme un buen melón para mañana?**'
>'**¿Para cuántas personas?**'

Tell him it's for three people:
>'**Para tres personas.**'

He picks up one of the melons, he feels it, he smells it and then he says:
>'**Puedo garantizarle éste.**'
>*'I can guarantee you this one.'*

>**garantizarto**   *guarantee*

He adds with a confident smile:
>'**No me equivoco nunca.**'
>*'I'm never wrong.'*

>**equivocarse**   *to be wrong*
>**nunca**   *never*
>(the opposite, *always*, is **siempre**)

Ask him what vegetables he has (*vegetables*, **verduras**):
>'**¿Qué verduras tiene?**'
>'**Tengo patatas, zanahorias, guisantes, cebollas, tomates, champiñones.**'

Listen again:
> 'Tengo patatas, ...'
> 'I have potatoes, ...'

zanahorias	*carrots*
guisantes	*peas*
cebollas	*onions*
tomates	*tomatoes*
champiñones	*mushrooms*

Ask for a kilo of potatoes:
> '**Un kilo de patatas, por favor.**'

Add:
> *'And half a kilo of mushrooms.'*
> *half a kilo*   **medio kilo**
> '**Y medio kilo de champiñones.**'
> '**¿Algo más?**'

Reply:
> *'That's all, thank you.'*
> *that's all*   **eso es todo**
> '**Eso es todo, gracias.**'

Now we must leave the market for a moment or two because it's time for some explanations and practice.

In Situations 6 and 9 you learnt the Spanish for *him, her, them, it* and *you*. To translate *me* or *to me* we just use the Spanish word **me** and *us* or *to us* is **nos**. Both these words are placed in front of the verb. Could you then translate the following sentences into Spanish?

> *she understands me*
> **me comprende**

> *they sent a letter to me*
> **me mandaron una carta**

> *he consulted us*
> **nos consultó**

> *you have given the money to us*
> **usted nos ha dado el dinero**

As we've already seen, all these pronouns usually come <u>after</u> the '*to -*' form of the verb. For example:

| *I'm going to buy it* | **voy a comprarlo** |
| *they're going to consult me* | **van a consultarme** |

These words are also placed after the verb when giving instructions:

| *taste them* | **pruébelas** |
| *buy it* | **cómprelo** |

- unless, that is, it happens to be a negative instruction:

| *don't taste them* | **no las pruebe** |
| *don't buy it* | **no lo compre** |

In the conversation with the stallholder you've met **acercar** (*to bring nearer*) and **acercarse** (*to bring oneself nearer*). And you've also met **equivocarse** (*to be wrong*). In Situation 9, in connection with the lights, we had **apagar** (*to switch off*) and **apagarse** (*to switch themselves off* or *to go out*). Here are some more verbs of the same type:

lavar	*to wash*	but **lavarse**	*to wash oneself*
preparar	*to prepare*	but **prepararse**	*to prepare oneself*
levantar	*to raise*	but **levantarse**	*to raise oneself*
			(that is, *to get up*)
despertar	*to wake up*	but **despertarse**	*to wake oneself up*
divertir	*to entertain*	but **divertirse**	*to entertain oneself*
			(that is, *to enjoy oneself*)

Here's how this kind of verb performs. Listen:

I wash myself	**me lavo**
he washes himself	**se lava**
she washes herself	**se lava**
you wash yourself	**se lava**
we wash ourselves	**nos lavamos**
they wash themselves	**se lavan**
you wash yourselves	**se lavan**

And now, a quick test.

> **HOW WOULD YOU SAY IN SPANISH:**
>
> *we prepare ourselves*
> **nos preparamos**
>
> *he approaches*
> **se acerca**
>
> *I get up early*
> **me levanto temprano**
>
> *she always washes in her bedroom*
> **se lava siempre en su dormitorio**

Do note that you must always distinguish in Spanish between, for example, washing another person and washing yourself, or waking up another person and waking yourself up.

Sometimes a Spanish verb will have this **se** attached to it, when you wouldn't have expected to find it. For example:

pasearse	*to go for a walk*
quejarse	*to complain*
quedarse	*to remain*
casarse	*to get married*

In fact, it's true to say that reflexive verbs, as these verbs are called, are more common in Spanish than in English.

Now, one last point of grammar before we return to that Spanish market. You know how to form the past historic of **-ar** verbs but you haven't yet learnt how the **-er** verbs and **-ir** verbs form this tense. Fortunately, they perform in exactly the same way, so it's quite easy. Just listen:

comer, *to eat*
I ate	**comí**
he/she/it/you ate	**comió**
we ate	**comimos**
they or *you ate* (pl)	**comieron**

vivir, *to live*
I lived	**viví**
he/she/it/you lived	**vivió**
we lived	**vivimos**
they or *you lived* (pl)	**vivieron**

And now for a short test. Listen to this short story and be ready to answer some questions afterwards in Spanish. Ready?

Imagine that some time ago you lived for *ten months* (**diez meses**) in Spain. You and your wife wrote a book together in Spanish on *the history* (**la historia**) of the United States. You both received a great deal of money. When you received this money you celebrated in *a luxurious restaurant* (**un restaurante de lujo**) and you drank *two bottles of champagne* (**dos botellas de champán**). For health reasons your wife drank only mineral water.

¿Dónde vivió usted?
Viví en España.

¿Cuánto tiempo vivió usted en España?
Viví diez meses en España.

Usted y su mujer, ¿qué escribieron?
Escribimos un libro.

¿Sobre qué escribieron el libro?
Lo escribimos sobre la historia de los Estado Unidos.

¿Dónde comieron?
Comimos en un restaurante de lujo.

¿Qué bebió usted?
Yo bebí dos botellas de champán

¿Qué bebió su mujer?
Bebió agua mineral.

Phew! You must be a little tired after all those questions, so we shan't ask you to do much more. Let's return right away to the market. You still need to buy cheese and wine. What about that small grocer's - there, on the right? Let's go in.

Say good morning and ask the grocer if he can recommend
a good Spanish cheese (**un buen queso español**):
>'Buenos días, señor ¿Puede usted recomendarme un buen queso español?'

>**el queso**   the cheese

He replies without hesitation:
>'**Sí, puedo recomendarle este queso manchego.**'
>'Yes, I can recommend this cheese fom La Mancha.'

Reply 'Fine' and ask for a small piece (**un pedazo pequeño**):
>'Muy bien. Un pedazo pequeño, por favor.'

Ask him now if he can recommend a good red wine:
>'¿**Puede usted recomendarme un buen vino tinto?**'
>'**Sí, le recomiendo éste. Es un vino de la región.**'
>'Yes, I recommend this one. It's a local wine.'
>(Literally: 'a wine from the region.')

>'**No es caro.**'
>'It's not expensive.'

>**caro**   *expensive*
>(the opposite is **barato**, *cheap*)

Reply:
>'OK. I'd like twelve bottles of this red wine.'
>(OK is **está bien**)
>'**Está bien. Quisiera doce botellas de este vino tinto.**'

Add:
>'I always like to drink a drop of wine with my cheese.'
>a drop   **una gota**
>'**Siempre me gusta beber una gota de vino con mi queso.**'

The grocer looks at the twelve bottles of wine and replies:
>'**Hmm ... usted come mucho queso, señora.**'
>'You eat a great deal of cheese, madam.'

Checklist 10

Vamos al Mercado
Let's Go to the Market

Masculine Words

el mercado market
el melocotón peach
el plátano banana
el melón melon
el guisante pea
el champiñón mushroom
el queso cheese
el pedazo piece
el hueso stone, bone
el champán champagne
el lujo luxury

Feminine Words

la pera pear
la cereza cherry
la fresa strawberry
la uva grape
la manzana apple
la verdura vegetable
la botella bottle
la gota drop
la casa house
la historia history

Descriptions

de lujo luxurious
pequeño small
caro dear
barato cheap
manchego from La Mancha

When?

mañana tomorrow

How Much?

un kilo a kilo
medio kilo half a kilo

Negatives

No llego nunca tarde.
  I never arrive late.

A Little Grammar

me comprende
  he understands me
me manda una carta
  he sends a letter to me
nos consulta she consults us
nos da el dinero she gives the money to us
cómprelo buy it
no lo compre don't buy it
véndalos sell them
no los venda don't sell them

Lavarse (To Wash Oneself)
Present
me lavo I wash myself, *etc.*
  se lava
  nos lavamos
  se lavan
fam. form
  te lavas
  os laváis

Checklist 10

The Past Historic Tense: -er/-ir Verbs

Comer (To Eat)

comí I ate
comió he/she/it/you ate
comimos we ate
comieron they/you (pl) ate
fam. form
comiste you ate
comisteis you (pl) ate

Vivir (To Live)

viví I lived
vivió he/she/it/you (pl) lived
vivimos we lived
vivieron they/you (pl) lived
fam. form
viviste you lived
vivisteis you (pl) lived

Verbs

despertarse *(irreg.)* to wake up
levantarse to get up
lavarse to wash oneself
prepararse to prepare oneself
pasearse to take a walk
quedarse to remain
acercarse to come nearer
quejarse to complain
casarse to get married
equivocarse to be wrong
divertirse *(irreg.)* to enjoy oneself
probar *(irreg.)* to taste
garantizar to guarantee
escoger to choose

Other Words/Expressions

cuidado con be careful of
algo something
algo más something else
siempre always
eso es todo that's all
está bien OK

For Reference -

Important Irregular Verbs:

Probar
Present
  pruebo
  prueba
  probamos
  prueban
fam. form
  pruebas
  probáis

Despertarse
Present
  me despierto
  se despierta
  nos despertamos
  se despiertan
fam. form
  te despiertas
  os despertáis

Divertirse
Present
  me divierto
  se divierte
  nos divertimos
  se divierten
fam. form
  te diviertes
  os divertís

SITUATION 11

A Conversation With Your Spanish Neighbour
Una Conversación Con Su Vecina Española

On your way back from the market you meet your Spanish next-door neighbour for the first time. She comes over to greet you both: '**Buenos días, señores.**' Reply: '**Buenos días, señora.**' Add:

> 'It's nice weather, isn't it?'
> (isn't it? is simply 'truth?', ¿**verdad**?)
> '**Hace buen tiempo, ¿verdad?**'
> '**Sí, hace muy buen tiempo.**'
> '**¿Cuándo llegaron ustedes?**'

Reply:
> 'We arrived three days ago.'
> '**Llegamos hace tres días.**'

Add:
> 'On Sunday.'
> (say simply the Sunday, **el domingo**)
> '**El domingo.**'

Your neighbour asks another question:
> '**¿Cuánto tiempo van a estar aquí?**'
> 'How long are you going to be here?'

Reply:
> 'We're going to be here two weeks.'
> '**Vamos a estar aquí dos semanas.**'

Tell her you're leaving on the 30th August (to leave is **salir**, on the 30th of August **el treinta de agosto**):
> '**Salimos el treinta de agosto.**'

Note that the Spanish say 'the <u>thirty</u> of August', 'the <u>ten</u> of July', 'the <u>five</u> of March', and so on. The only exception is for the very first day of the month: **el primero de junio** the <u>first</u> of June (**primero**, feminine **primera**, is *first*).

Your neighbour (her name, by the way, is Sra. Pérez) asks another question:
>'¿Conocen ustedes la zona?'
>*'Do you know the area?'*

>**conocen** comes from the verb **conocer** *to know* (in the sense of *to be acquainted with*)
>**la zona**   the area

When Sra. Pérez asks that question again, reply: *'No, we don't know the area at all.'* (*at all*, **en absoluto**). Ready?
>'¿Conocen ustedes la zona?'
>'No, no conocemos la zona en absoluto.'

Add:
>*'This is our first visit to Spain.'*
>*the visit*   **la visita**
>(begin: **esta es ...**)
>'Esta es nuestra primera visita a España.'

>'¿Es su primera visita a España? Hablan muy bien español.'
>*'It's your first visit to Spain? You speak Spanish very well.'*

When you hear the compliment again, reply: *'Thank you. We studied Spanish with tapes.'* (*to study* is **estudiar** and *the tape* is **la cinta**). Ready?
>'Hablan muy bien español.'
>'Gracias. Estudiamos español con cintas ...'

Add:
>*'before leaving England.'*
>(say: *'before to leave from'*, **antes de salir de**)
>'antes de salir de Inglaterra.'

Continue:
> 'It's a good method.'
> the method   **el método**
> '**Es un buen método.**'

> '**¿Han venido con sus hijos?**'
> 'Have you come with your children?'

> **venir**   to come

When you hear the question again, reply: 'Only our son has come with us this year.' Here are the words you'll need:

only	**solamente**
with us	**con nosotros**
this year	**este año**

> '**¿Han venido con sus hijos?**'
> '**Solamente nuestro hijo ha venido con nosotros este año.**'

Go on to say: 'He's just spent a week with his Spanish friend.' He's just spent is **acaba de pasar** (literally: he finishes from spending) - **acaba de pasar**. Friend is **amigo**. Ready?
> 'He's just spent a week with his Spanish friend.'
> '**Acaba de pasar una semana con su amigo español.**'

Continue:
> 'He arrived here yesterday.'
> '**Llegó aquí ayer.**'

Explain that your daughter prefers to go on holiday with her friends. Here are the new words:

to prefer	**preferir**
she prefers	**prefiere**
to go on holiday	**ir de vacaciones**
the holiday	**las vacaciones**

Ready?
> **'Nuestra hija prefiere ir de vacaciones con sus amigas.'**
> **'¿Cuántos años tienen sus hijos?'**
> *'How old are your children?'*
> (Literally: *'how many years have your children?'*)

Reply that your son is fourteen (say *'has fourteen years'*):
> **'Nuestro hijo tiene catorce años.'**

And your daughter is twenty ...
> **'... y nuestra hija tiene veinte años.'**

Say:
> *'She's studying medicine.'*
> *the medicine*   **la medicina**
> **'Estudia medicina.'**

And add:
> *'Some day she'll be a doctor.'*
> *some day*   **algún día**
> *she will be*   **será**
> **'Algún día será médico.'**

It's time once again for more explanations and practice, so we must leave Sra. Pérez for the moment.

You already know the word for *August*, **agosto**: here are the names of the other months. We begin with January ... just listen:

enero	**julio**
febrero	**agosto**
marzo	**septiembre**
abril	**octubre**
mayo	**noviembre**
junio	**diciembre**

in ... before a month is **en**: **en marzo, en abril, en julio**, and so on.

Here's a little practice.

> **TRANSLATE:**
>
> *the 4th of January*
> **el cuatro de enero**
>
> *the 12th of March*
> **el doce de marzo**
>
> *the 29th of July*
> **el veintinueve de julio**
>
> *the 1st of October*
> **el primero de octubre**

You've learnt the Spanish for *Sunday*; let's hear the other days:

Monday	**lunes**
Tuesday	**martes**
Wednesday	**miércoles**
Thursday	**jueves**
Friday	**viernes**
Saturday	**sábado**
Sunday	**domingo**

on ... before a day of the week is simply **el**:
on Sunday, **el domingo**; *on Wednesday*, **el miércoles**.

If, however, you want to say *on Sunday__s__*, *on Wednesday__s__* and so on, use the plural: **los domingos, los miércoles**.

And now a short test: Translate:

on Tuesday
el martes

on Friday
el viernes

on Mondays
los lunes

on Saturdays
los sábados

Conocer, *to know* or *to be acquainted with*, is an important irregular verb and you'll need to know how to use it. Here's the present tense:

I know the region	**conozco la región**
He/she knows Spain	**conoce España**
We know France	**conocemos Francia**
They know Madrid	**conocen Madrid**

And now let's move on to another point. Do you remember the Spanish title of Situation 6 (*Let's consult a doctor*)? **Vamos a consultar a̲ un médico.** You probably wondered at the time what the purpose of the little word **a̲** was. Well, all can now be revealed. In Spanish, when the direct object of a verb is a person, you have to insert the word **a**. Here are some examples:

I know the nurse
conozco a la enfermera

we know the doctor
conocemos al médico

they consult an economist
consultan a un economista

she wants to invite all her friends
quiere invitar a todos sus amigos

The verb **tener** (*to have*) is an exception to this rule:

Tengo un hermano.
I have a brother.

During the conversation with Sra. Pérez, you learnt that *before leaving England* was **antes de salir de Inglaterra**. So, how would you say:

before telephoning
antes de telefonear

before eating
antes de comer

before buying
antes de comprar

You've learnt that *she will be* is **será**. This is the future tense of the verb **ser**. Let's look at the other persons:

I will be	**seré**
he/she/it/you will be	**será**
we will be	**seremos**
they/you (pl) *will be*	**serán**

How would you say in Spanish:
Some day we'll be journalists.
Algún día seremos periodistas.

That's enough grammar for one day. It's time now to return to your talkative neighbour. Ask Sra. Pérez what she recommends you to visit in the surrounding area (*in the surrounding area*, **en los alrededores**):

'¿Qué nos recomienda visitar en los alrededores?'
'Hay muchas cosas que visitar ...'
'There are many things to visit ...'

la cosa   *the thing*

'Hay castillos. Hay museos. Hay bodegas de vino.'

la bodega de vino   *the wine cellar*

'Pueden practicar deportes.'
'You can take part in sports.'

practicarto   *practise*
el deporte   *the sport*

'Por ejemplo, pueden jugar al tenis.'
'For example, you can play tennis.'

por ejemplo   *for example*
jugar al tenisto   *play tennis*

'Pueden jugar al golf.'
'You can play golf.'

'Se puede montar a caballo.'
'One can go horse riding.'

se puede — *one can*
montar — *to mount*
el caballo — *the horse*

'Se puede hacer windsurfing.'
'One can windsurf.'

'Pueden ir a la corrida de toros.'
'You can go to a bullfight.'

la corrida de toros — *the bullfight*
el toro — *the bull*

Before we end our conversation with Sra. Pérez, let's listen once again to everything that has been said so far - without interruptions. Ready?

'Buenos días, señores.'
'Buenos días, señora. Hace buen tiempo. ¿Verdad?'

'Sí, hace muy buen tiempo. ¿Cuándo llegaron ustedes?'
'Llegamos hace tres días, el domingo.'

'¿Cuánto tiempo van a estar aquí?'
'Vamos a estar aquí dos semanas. Salimos el treinta de agosto.'

'¿Conocen ustedes la zona?'
'No, no conocemos la zona en absoluto. Esta es nuestra primera visita a España.'

'¿Es su primera visita a España? Hablan muy bien español.'
'Gracias. Estudiamos español con cintas antes de salir de Inglaterra. Es un buen método.'

'¿Han venido con sus hijos?'
'Solamente nuestro hijo ha venido con nosotros este año. Acaba de pasar una semana con su amigo. Llegó aquí ayer. Nuestra hija prefiere ir de vacaciones con sus amigas.'

'¿Cuántos años tienen sus hijos?'
'Nuestro hijo tiene catorce años y nuestra hija tiene veinte años. Estudia medicina. Algún día será médico.'

'¿Qué nos recomienda visitar en los alrededores?'
'Hay muchas cosas que visitar. Hay castillos, hay museos, hay bodegas de vino. Pueden practicar deportes. Por ejemplo, pueden jugar al tenis, pueden jugar al golf. Se puede montar a caballo. Se puede hacer windsurfing. Pueden ir a una corrida de toros.'

But back now, 'live', to your neighbour. Tell Sra. Pérez that your wife and your son will be very pleased to practise all these sports. Here are the words:

will be	**estarán**
very pleased to	**muy contentos de**
these	**estos**

Ready?
'Mi mujer y mi hijo estarán muy contentos de practicar todos estos deportes.'

Go on to say:
'But, as for me, the beach in the morning ...'
as for me   **en cuanto a mí**
in the morning   **por la mañana**
'Pero, en cuanto a mí, la playa por la mañana ...'

'a good bottle of wine at noon ...'
the bottle   **la botella**
at noon   **a mediodía**
'una buena botella de vino a mediodía ...'

'and in the evening the television.'
in the evening   **por la noche**
'y por la noche la televisión.'

'That is for me the ideal holiday.'
(Say: *'those are for me the ideal holidays'*)

those are	**esas son**
for me	**para mí**
ideal	**ideal**, plural **ideales**

Ready?
'¡Esas son para mí las vacaciones ideales!'

Checklist 11

Una Conversación Con Su Vecina Española
A Conversation With Your Spanish Neighbour

Masculine Words

el vecino neighbour
el amigo friend
el hermano brother
el deporte sport
el caballo horse
el toro bull
el método method
el año year
los alrededores
　surrounding area

Feminine Words

la vecina neighbour
la amiga friend
la hermana sister
la corrida de toros bullfight
la visita visit
la cinta tape
la cosa thing
la zona area
la medicina medicine
la bodega de vino
　wine cellar
las vacaciones holiday

Descriptions

primero first
contento (de) pleased (to)
***ideal** ideal

*Most adjectives ending in a consonant do not change in the feminine, but they do add **-es** for the plural.*

Sports

jugar al tenis to play tennis
jugar al golf to play golf
jugar al fútbol
　to play football
hacer windsurfing
　to windsurf
montar a caballo
　to go horse-riding

With Us, For Him, Etc.

con nosotros(-as) with us
para mí for me
para él for him
enfrente de ella opposite her
delante de usted in front
　of you
cerca de ellos near them (m)
fam. form
para ti for you
con vosotros(-as)
　with you (pl)
N.B. **conmigo/contigo**
　with me/you (fam. sing)

When?

por la mañana
　in the morning
por la tarde in the
　afternoon/evening
por la noche in the
　evening/night
a mediodía at noon
a medianoche at midnight

Checklist 11

Months

enero	julio
febrero	agosto
marzo	septiembre
abril	octubre
mayo	noviembre
junio	diciembre

Days of the Week

lunes Monday
martes Tuesday
miércoles Wednesday
jueves Thursday
viernes Friday
sábado Saturday
domingo Sunday

This/These/That/Those

este vino this wine
estos bancos these banks
esta llave this key
estas mesas these tables
ese café that bar (*near you*)
esos vasos those glasses
esa lista that list
esas cartas those letters
aquel bar that bar (*over there*)
aquellos coches those cars
aquella cama that bed
aquellas casas those houses

Other Words/Expressions

¿verdad? isn't it? / aren't you?
solamente only
por ejemplo for example
en cuanto a mí as for me
en absluto at all (*neg.*)
antes de comprar before buying

Age

Tengo veinte años.
I am twenty.

Future Tense: Ser, Estar

Ser (To Be)
Future
seré I will be, *etc.*
 será
 seremos
 serán
fam. form
 serás
 seréis

Estar (To Be)
Future
estaré I will be, *etc.*
 estará
 estaremos
 estarán
fam. form
 estarás
 estaréis

Verbs

estudiar to study
practicar to practise
montar to mount
acabar to finish
acabar de to have just
jugar (*irreg.*) to play
conocer (*irreg.*) to know
salir (*irreg.*) to leave
venir (*irreg.*) to come
preferir (*irreg.*) to prefer
ir de vacaciones to go on holiday
se puede one can

Checklist 11

For Reference -
Important Irregular Verbs:

Jugar
Present
   juego
   juega
   jugamos
   juegan
fam. form
   juegas
   jugáis

Conocer
Present
   conozco
   conoce
   conocemos
   conocen
fam. form
   conoces
   conocéis

Salir
Present
   salgo
   sale
   salimos
   salen
fam. form
   sales
   salís

Venir
Present
   vengo
   viene
   venimos
   vienen
fam. form
   vienes
   venís

Venir
Past hist.
   vine
   vino
   vinimos
   vinieron
fam. form
   viniste
   vinisteis

Preferir
Present
   prefiero
   prefiere
   preferimos
   prefieren
fam. form
   prefieres
   preferís

Situation 12

On the Beach
En la Playa

It's a beautiful, warm, sunny day and you've decided to spend some time on the beach. My goodness, it really is hot today; it might be wise to hire a sunshade. That gentleman over there seems to be hiring out sunshades - say good morning to him: **'Buenos días, señor.'** Add: *'We'd like to hire a sunshade.'* Here are the new words:

we'd like	**quisiéramos / quisiéramos**
to hire	**alquilar**
a sunshade	**una sombrilla**

Ready?
  'Quisiéramos alquilar una sombrilla.'
  'Sí, señora, ¿grande o pequeña?'
  'Yes, large or small?'

Reply:
  'A large one, please.'
  (omit *one*)
  'Una grande, por favor.'

Ask how much it is:
  '¿Cuánto es?'
  'Trescientas pesetas.'

This could be a good opportunity to ask a few questions about this particular beach. You might begin by asking whether the sea is dangerous. Say:
  'Is this sea dangerous?'
  (*dangerous* is **peligroso**)
  '¿Este mar es peligroso?'

  'No, el mar en esta playa no es peligroso ...'
  'No, the sea on this beach isn't dangerous ...'

'**El mar está generalmente muy tranquilo.**'
'The sea is generally very calm.'

generalmente   *generally*
tranquilo   *calm*

He adds:
'Si hace viento se vigila la playa.'
'If it's windy the beach is supervised.'
(Literally: *'one watches over the beach'*)

vigilar   *to watch over*

Let's ask if it's possible to go sailing (*to go sailing,* **hacer vela**). Ready?
'¿Se puede hacer vela?'
'Sí, sí.'

Ask the attendant if one can waterski here (*to waterski,* **hacer esquí acuático**):
'¿Se puede hacer esquí acuático aquí?'
'Sí, sí. Usted puede informarse en el club náutico que está allí.
'Yes, yes. You can enquire at the sailing club which is over there.'

informarse   *to enquire*
el club náutico   *the sailing club*
que está   *which is*
allí   *there*

A few moments later you are all sitting comfortably in deckchairs under the sunshade. Suddenly you hear:
'¡Helados! ¡Refrescos! ¡Helados! ¡Refrescos!'
'Ice creams! Soft drinks!'

el helado   *the ice cream*
el refresco   *the soft drink*

Ask for two ice creams and a Coca Cola:
'Dos helados y una Coca Cola, por favor.'
'Gracias, señora.'

Whew! The sun's really hot today. You'd better put on some more suntan oil (*the suntan oil*, **el aceite bronceador / el aceite bronceador**). Here are some additional words and expressions in connection with the beach that you might find useful:

the sandy beach	**la playa de arena**
the deckchair	**la hamaca**
the sunglasses	**las gafas de sol**
the life jacket	**el chaleco salvavidas**
suntanned	**bronceado**
to swim	**nadar**
to bathe	**bañarse**
When is high tide?	**¿Cuándo está la marea alta?**
When is low tide?	**¿Cuándo está la marea baja?**
Can we bathe here without danger?	**¿Podemos bañarnos aquí sin peligro?**
Help! Help!	**¡Socorro! ¡Socorro!**

Unfortunately, we must leave the sun and the beach for a few moments because we need to give you one or two explanations and some practice.

The Spanish word **qué** has several meanings. Written with an accent it can mean *what* as in
What do you do on Sundays?
¿Qué hace usted los domingos?

or *what* as in
What newspaper do you read?
¿Qué periódico lee usted?

Without the accent **que** can mean *that* as in
I know that he speaks Spanish
Sé que habla español.

Another meaning could be *than*, as in
My daughter is more talkative than my son
Mi hija es más habladora que mi hijo.

Or it can mean *who, whom, which, that,* as in
The sailing club which is over there
El club náutico que está allí.

> **HOW WOULD YOU SAY:**
>
> *The gentleman who sells English newspapers.*
> **El señor que vende periódicos ingleses.**
>
> *The ice cream that I bought.*
> **El helado que compré.**

In Situation 11 you came across the future tense in the sentence *Some day she'll be a doctor* - can you remember the Spanish? **Algún día será médico**.

Perhaps we should look a little more closely at this tense now. First, let me remind you however that, as we saw in Situations 1 and 6, you can use the Spanish verb **ir** (*to go*) to refer to the future: *I'm going to buy some stamps tomorrow*, **Voy a comprar sellos mañana**. And how did the official ask in Situation 1:
How long are you going to spend in Spain?
¿Cuánto tiempo va a pasar en España?

Good, but now let's look at the future tense proper. You begin by taking the '*to -*' form of the verb (for example: **visitar, comer, vivir**) and you add the endings **-é, -á, -emos, -án**. Here are some examples:

I will visit	**visitaré**
he/she/it/you will eat	**comerá**
we will live	**viviremos**
they or *you* (plural) *will buy*	**comprarán**

And now a short test. Imagine that you, your wife and your daughter will spend a week in Mallorca next month. You'll all go to *a luxury hotel* (**un hotel de lujo**). You'll eat *in the best restaurants* (**en los mejores restaurantes**). You'll see many interesting things. Your daughter loves tennis. She'll play tennis all week. *Probably* (**probablemente**) your wife will buy many *expensive presents* (**regalos caros**). They'll send about thirty *postcards* (**postales**) to their friends. And you? Well, you'll be satisfied with the sea, the sun and ... the wine! (**contentarse con**, *to be satisfied with*.)

Now answer these questions. Ready?
> ¿Dónde pasarán ustedes una semana?
> Pasaremos una semana en Mallorca.

> ¿Dónde irán ustedes?
> Iremos a un hotel de lujo.

> ¿Dónde comerán?
> Comeremos en los mejores restaurantes.

> ¿Qué verán?
> Veremos muchas cosas interesantes.

> ¿A qué jugará su hija toda la semana?
> Jugará al tenis.

> ¿Qué comprará su mujer?
> Probablemente comprará muchos regalos caros.

> ¿Qué mandarán su mujer y su hija a sus amigas?
> Mandarán treinta postales a sus amigas.

> ¿Con qué se contentará usted?
> Yo me contentaré con el mar, con el sol y con el vino.

Before we end for today, we'd like to give you some more numbers.

> 41 cuarenta y uno
> 46 cuarenta y seis
> 50 cincuenta
> 51 cincuenta y uno
> 55 cincuenta y cinco
> 60 sesenta

And now, I think it would be useful if we heard today's conversation again, without interruptions. Ready? Just listen:
> 'Buenos días, señor. Quisiéremos alquilar una sombrilla.'
> 'Sí, señora. ¿Grande o pequeña?'

> 'Una grande, por favor. ¿Cuánto es?'
> 'Trescientas pesetas.'

'¿Este mar es peligroso?'
'No, el mar en esta playa no es peligroso, está generalmente muy tranquilo. Si hace viento se vigila la playa.'

'¿Se puede hacer vela?'
'Sí, sí.'

'¿Se puede hacer esquí acuático aquí?'
'Sí, sí; usted puede informarse en el club náutico que está allí.'

'¡Helados! ¡Refrescos! ¡Helados! ¡Refrescos!'
'Dos helados y una Coca Cola, por favor.'
'Gracias, señora.'

But let's go back live now to the beach. I think *it's time to test the water* ... **Es hora de probar el agua.** *Oh, the water's lovely!* **¡El agua está buena!** Let's all dive in together ... ready? **Uno, dos, tres ...**

Suddenly -
De repente -

Your son begins to shout 'help'!
Su hijo empieza a gritar ¡socorro!

What's wrong?
¿Qué pasa?

Does he have cramp?
¿Tiene un calambre?

Has he hurt himself?
¿Se ha lastimado?

Has he seen a shark?
¿Ha visto un tiburón?

What's wrong with him?
¿Qué le pasa?

Ah, he's been nipped by a small crab!
¡Ah, le ha pellizcado un cangrejito!

CHECKLIST 12

En la Playa
On the Beach

Masculine Words

el club náutico   sailing club
el chaleco salvavidas
   life jacket
el peligro   danger
el calambre   cramp
el tiburón   shark
el cangrejito   small crab
el aceite bronceador
   suntan oil
el helado   ice cream
el refresco   soft drink
el regalo   present
el sello   stamp
el periódico   newspaper

Feminine Words

la playa de arena
   sandy beach
la marea   tide
la sombrilla   sunshade
la hamaca   deckchair
las gafas de sol   sunglasses
la postal   postcard
la hora   hour

Descriptions

peligroso   dangerous
tranquilo   calm
alto   high
bajo   low
bronceado   suntanned
hablador(-a)   talkative

Sports

hacer vela   to go sailing
hacer esquí acuático
   to water-ski

A Little Grammar:

que el señor que vende...
   the gentleman who sells...
la sombrilla que alquilé
   the sunshade which I hired
sé que habla español   I know
   that he speaks Spanish
**mi hija es más habladora
que mi hijo**   my daugher is
   more talkative than my son

Other Words/Expressions

allí   there
generalmente   generally
probablemente   probably
más   more
mejor   better, best
es hora de...   it's time to...
¡Socorro!   Help!
¿Qué pasa?
   What's happening?

Numbers

41	cuarenta y uno
45	cuarenta y cinco
50	cincuenta
54	cincuenta y cuatro
57	cincuenta y siete
60	sesenta

Checklist 12

The Future Tense

visitaré I will visit
comerá he/she/it/you will eat
viviremos we will live
comprarán they/you (pl) will buy
fam. form
venderás you will sell
recibiréis you (pl) will receive

Verbs

alquilar to hire
vigilar to watch over
nadar to swim
probar *(irreg.)* to test
gritar to shout
pellizcar to nip
informarse to enquire
bañarse to bathe
contentarse to content oneself
lastimarse to hurt oneself
saber *(irreg.)* to know
quisiéramos we would like

For Reference -

Important Irregular Verb:

Saber
Present	*Past hist.*
sé	supe
sabe	supo
sabemos	supimos
saben	supieron
fam. form	*fam. form*
sabes	supiste
sabéis	supisteis

Important Verbs Which Are Irregular in the Past Historic:

Estar

estuve I was
  estuvo
  estuvimos
  estuvieron
fam. form
  estuviste
  estuvisteis

Poder

pude I could
  pudo
  pudimos
  pudieron
fam. form
  pudiste
  pudisteis

Tener

tuve I had
  tuvo
  tuvimos
  tuvieron
fam. form
  tuviste
  tuvisteis

Hacer

hice I did, made
  hizo
  hicimos
  hicieron
fam. form
  hiciste
  hicisteis

Conducir

conduje I drive
  condujo
  condujimos
  condujeron
fam. form
  condujiste
  condujisteis

Decir

dije I said
  dijo
  dijimos
  dijeron
fam. form
  dijiste
  dijisteis

Situation 13

Let's Visit a Wine Cellar
Vamos a Visitar una Bodega de Vino

You may remember that in Situation 11 your neighbour, Sra. Pérez, mentioned that there were some wine cellars in the vicinity that were worth a visit. Well, today you've decided to follow her advice and you've just arrived at *a vineyard* - **una viña**. The first thing you see is a large notice with the name of the vineyard; the name is rather picturesque:

Bodegas del Paladar Delicado
Wine Cellars of the Delicate Palate

Immediately under the name are the words: **Degustación gratuita de vino** - *Free wine tasting*. Hmm ... looks promising! **La degustación** means *the tasting*, and **gratuita** (feminine form of **gratuito**) is *free of charge*. Shall we go in?

A lady comes towards you. Say good morning to her:
   'Buenos días, señora'.

Add:
   'We'd like to visit your cellar, please.'
   'Quisiéremos visitar su bodega, por favor.'

   'Claro que sí, señor.'
   'Yes, of course, sir.'

   claro   *of course*

   'Bienvenidos a las "Bodegas del Paladar Delicado" ...'
   'Welcome to the "Wine Cellars of the Delicate Palate" ...'

   'Es una explotación familiar.'
   'It's a family business.'

   la explotación   *business concern*
   familiar comes from **la familia**, *the family*

'Soy la señora García. Mi marido, mi hijo y yo somos los propietarios.'
'I am Sra. García. My husband, my son and I are the owners.'

'**Producimos el vino ...**'
'We produce the wine ...'

producir   *to produce*

'**y lo embotellamos.**'
'and we bottle it.'

embotellar   *to bottle*

She suggests that you all go now and visit one of the cellars:
'**Vamos a visitar ahora una de las bodegas.**'

You walk into the cellar. All you can see is barrels, barrels and more barrels! **el tonel / el tonel** is the Spanish for the *barrel*, so perhaps you would say now:
'I've never seen so many barrels!'
(*so many* is **tantos**)
¡No he visto nunca tantos toneles!

(You could also have said: '**¡Nunca he visto tantos toneles!**')
Go on to say:
'I'd like to have one or two of those barrels in my own cellar.'
(*own* is **propio**)
'**Quisiera tener uno o dos de estos toneles en mi propia bodega.**'

The Spanish for *with great pleasure* is **con mucho gusto**, so you'll know what to reply when Sra. García asks you if you'd like to sample the wine. Ready?
'**¿Quieren ustedes degustar el vino?**'
'**Sí, con mucho gusto.**'

degustar   *to taste*

Ask whether she has any white wine:
'¿Tiene usted vino blanco?'
'Sí, y este vino es muy bueno.'
Yes, and this wine is very good.

'Es un vino seco.'
It's a dry wine.

seco   *dry*

Ask her with what dishes she recommends it (*the dish*, **el plato**):
'¿Con qué platos lo recomienda usted?'
'Sobre todo con pescado ...'
'Especially with fish ...'

sobre todo   *especially*

'o con carne blanca, como pollo por ejemplo.'
'or with white meat, like chicken for example.'

la carne   *the meat*

'Este vino se debe servir frío.'
'This wine must be served chilled.'
(Literally: *'This wine must serve itself cold.'*)

deber   *to have to*
servir   *to serve*

You've now been given a small glass of the wine to taste.
You sample it and you say:
'It's very good. It's delicious.'
'**Está muy bueno. Está delicioso.**'

'**Y ahora prueben éste ...**'
'And now try this one ...'

The Spanish for *sweet* is **dulce**, and *more*, as we saw in Situation 12, is **más**, so if you want to express *sweet<u>er</u>* you simply say '*more sweet*' - **más dulce**. So, now comment on the wine you've just tasted and say:
'Yes, this one is sweeter.'
'**Sí, éste es más dulce.**'

'**Sí, se sirve con platos dulces.**'
'Yes, it's served with sweet dishes.'

Now ask:
> *'Can we taste a red wine?'*
> **'¿Podemos probar un vino tinto?'**

> **'Claro, señor.'**
> *'Of course, sir.'*

As you taste the red wine, I want you to say:
> *'Ah yes, this one is a full-bodied wine.'*
> (*full-bodied* **con mucho cuerpo**)
> **'Ah sí, éste es un vino con mucho cuerpo.'**

> **'Veo que es un entendido, señor.'**
> *'I see that you are a connoisseur.'*

> **un entendido**   *a connoisseur*

Find out now how many bottles they produce per year (*the bottle*, **la botella**; *per year*, **al año**):
> **'¿Cuántas botellas producen ustedes al año?'**
> **'Cerca de doscientas mil botellas al año.'**
> *'About two hundred thousand bottles a year.'*

> **cerca de** means both *near* and *about*

The Spanish word **extranjero** means *foreign*, and **al extranjero** would mean *abroad*. Would you then ask Sra. García whether they export wine abroad - *to export* is **exportar**:
> **'¿Exportan ustedes vino al extranjero?'**

Before she replies, I think we should stop for a moment or two and look more closely at some of the words and expressions we've met.

If claro **que sí** is the Spanish for *yes, of course*, what would the Spanish for *of course not* be? **Claro que no.**

You've heard two more irregular verbs today: **producir** (*to produce*) is one of them. As far as the present tense is concerned it's irregular in the '**yo**' form only: **produzco**. It's also irregular in the past historic: *I produced*, **produje**.

Servir (*to serve*) is another irregular verb. Listen to the present tense:

sirvo las zanahorias	*I serve the carrots*
sirve las cebollas	*he serves the onions*
servimos el pescado	*we serve the fish*
sirven el vino	*they serve the wine*

Nunca (*never*) appeared again today. Here are some more negatives - please repeat:

no one	**nadie**
nothing	**nada**
neither ..., nor ...	**ni ..., ni ...**
no longer	**ya no**

Note that you also need the word **no** in front of the verbs.

> PLEASE REPEAT THESE EXAMPLES:
>
> *I know no-one here.*
> **No conozco a nadie aquí.**
>
> *She has bought nothing today.*
> **No ha comprado nada hoy.**
>
> *We have neither paper nor envelopes.*
> **No tenemos ni papel, ni sobres.**
>
> *They no longer work here.*
> **Ya no trabajan aquí.**

Do you remember how Sra. García said '*This wine must be served chilled*'? **Este vino se debe servir frío.** The Spanish word **se** is used to translate those vague English ideas expressed by *one, they, people* and so on. Here are some examples (please repeat):

Where can one buy an English magazine?
¿Dónde se puede comprar una revista inglesa?

It is said that he drinks a lot of wine.
Se dice que bebe mucho vino.

How would you say:
> *How does one get to ...?*
> **¿Por dónde se va a ...?**

Notice, however, that if the object mentioned is in the plural, you use a plural verb. For example:
> *Where do they sell stamps?*
> **¿Dónde se venden sellos?**

Debe comes from the verb **deber** (*to have to*), a regular verb:
> *I must write a letter.*
> **Debo escribir una carta.**

How would you say:
> *We must send the postcards that we bought yesterday.*
> **Debemos mandar las postales que compramos ayer.**

Remember *two hundred thousand bottles a year*, **doscientas mil botellas al año** ? *A year* is **al año**; *twice a year*, **dos veces al año**. How would you say:
> *twice a week*
> **dos veces a la semana**

> *three times a month*
> **tres veces al mes**
> (*once* is **una vez**)

Could you remind us of the Spanish for:
> *Do you export wine abroad?*
> **¿Exportan ustedes vino al extranjero?**

We use **al extranjero** here because motion is implied; the meaning is '*to* other countries'. But if there isn't any motion, we say **en el extranjero**. Here's an example:
> *My fiancé is working abroad.*
> **Mi novio trabaja en el extranjero.**

But how about another glass of wine now? Let's return to the wine cellar. You'll remember you had just asked Sra. García: '**¿Exportan ustedes vino al extranjero?**'.

Here's her reply:
> '**Vendemos la mitad de la producción en España ...**'
> 'We sell half the production in Spain ...'
> (Literally: 'the half of the production')

| **la mitad** | the half |
| **la producción** | the production |

> '**y la otra mitad en el extranjero.**'
> 'and the other half abroad.'

| **otro** | other |

Ask her if one can buy some wine here, now:
> '**¿Se puede comprar vino aquí ahora?**'
> '**Sí, señor. ¿Qué vino quiere usted? ...**'
> 'Yes. Which wine do you want? ...'

> '**¿y qué cantidad?**'
> 'and what quantity?'

| **la cantidad** | the quantity |

Reply that you'd like six bottles of dry white wine ...:
> '**Quisiera seis botellas de vino blanco seco ...**'

> 'and twelve bottles of this red wine.'
> '**y doce botellas de este vino tinto.**'

> '**Muy bien, voy a buscarlas ahora mismo.**'
> 'Very good, I'll fetch them at once.'

| **buscar** | to look for, to fetch |

While Sra. García is busy fetching your order, let's hear a few more words connected with wine. Please repeat:

| a rosé wine | **un vino rosado** |
| a sparkling wine | **un vino espumoso** |

| a sherry | **un jerez** |
| the house wine | **el vino de la casa** |

Ah, here come Sra. García. As she puts the bottles down in front of you, I want you to say 'My mouth is watering' - or, as the Spanish say, 'Already to me is becoming the mouth water':
> '**Ya se me hace la boca agua! / Ya se me hace la boca agua!**'
Ready? Here comes your wine ...
> '**¡Ya se me hace la boca agua!**'

Checklist 13

Vamos a Visitar una Bodega de Vino
Let's Vist a Wine Cellar

Masculine Words

el paladar palate
el tonel barrel
el curpo body
el entendido connoisseur
el novio fiancé
el papel paper
el sobre envelope

Feminine Words

la viña vineyard
la explotación concern, business
la producción production
la degustación tasting
la cantidad quantity
la mitad half
la familia family
la novia fiancée
la carta letter
la revista magazine
la carne meat

Descriptions

delicado delicate
gratuito free of charge
propio own
extranjero foreign
familiar family

Wines

un vino blanco a white wine
un vino tinto a red wine
un vino rosado a rosé wine
un vino seco a dry wine
un vino dulce a sweet wine
un vino con mucho cuerpo a full-bodied wine
un vino espumoso a sparkling wine
un jerez a sherry
el vino de la casa the house wine

How Many Times?

una vez once
dos veces twice
tres veces three times

One, People, They

¿Dónde se puede...? Where can one...?
¿Dónde se vende...? Where do they sell...?
Se dice que... They say that...

Negatives

nadie no one
nada nothing
ni..., ni... neither..., nor...
ya no no longer

CHECKLIST 13

OTHER WORDS /EXPRESSIONS

¡Claro!   Of course!
¡Claro que sí!   Yes, of course!
¡Claro que no!
   Of course not!
bienvenido   welcome
tanto(-a, -os, -as)   so much, so many
con mucho gusto
   with great pleasure
sobre todo   especially
al año   per year
cerca de   about
al/en el extranjero   abroad
otro   other, another
ya   already

VERBS

embotellar   to bottle
degustar   to sample
exportar   to export
buscar   to look for
deber   to have to
hacerse   to become
producir   to produce
servir   to serve

FOR REFERENCE -

IMPORTANT IRREGULAR VERBS:

PRODUCIR
Present
(irregular only in the yo form)
   produzco
Past hist.
   produje
   produjimos
   produjeron
fam. form
   produjiste
   produjisteis

SERVIR
Present
   sirvo
   sirve
   servimos
   sirven
fam. form
   sirves
   servís
Past hist.
   serví
   sirvió
   servimos
   sirvieron
fam. form
   serviste
   servisteis

Situation 14

At the Police Station
En la Comisaría de Policía

First the bad news: your stay in Spain is almost at an end and there are only a few days left. And now the good news: you've decided to return home via Madrid and you're having a wonderful time seeing the sights.

You've already visited the Royal Palace where the King of Spain receives the heads of state ...
Ustedes han visitado ya el Palacio Real donde el Rey de España recibe a los jefes de estado ...

You've had a few drinks at one of the traditional bars in the main square ...
Han tomado unas copas en una de las tabernas tradicionales de la Plaza Mayor ...

You've admired the works of Veláquez, Murillo, Goya and other painters in the Prado Museum ...
Han admirado las obras de Veláquez, Murillo, Goya y de otros pintores en el Museo del Prado ...

And today you've spent two very pleasant hours in Retiro Park where you hired a rowing boat.
Y hoy han pasado dos horas muy agradables en el Parque del Retiro donde han alquilado un bote de remos.

But it's now 8 o'clock in the evening.
Pero son ahora las ocho de la tarde.

You're sitting in a small restaurant.
Ustedes están sentados en un restaurante pequeño.
(**sentado** means *seated*)

You've eaten very well.
Han comido muy bien.

Perhaps you could now ask the young waitress for the bill
(*the bill* **la cuenta**):
>'**Señorita, la cuenta, por favor.**'

>*The bill arrives and you check it.*
>**La cuenta llega y usted la comprueba.**

Say: '*Hmm ... 5000 pesetas for three people is very reasonable.*'
(translate *for* by **por**, *reasonable* is **razonable**):
>'**Hmm ... cinco mil pesetas por tres personas es muy razonable.**'

>*You put your hand in your pocket*
>(or, as the Spanish say, <u>the</u> *hand in your pocket*).
>**Mete la mano en su bolsillo.**

But ... where is it? Where's your wallet? It's gone! The Spanish for *the wallet* is **la cartera**. So say now:
>'*Where's my wallet?*'
>'**¿Dónde está mi cartera?**'

Shout:
>'*I've lost my wallet.*'
>*to lose*   **perder**
>'**He perdido mi cartera.**'

After leaving your watch at the restaurant as security, *you return to your hotel* (**usted vuelve a su hotel**) and *you explain the situation* (**y explica la situación**) *to the receptionist* (**a la recepcionista**). *The receptionist says* (**la recepcionista dice**):
>'**Usted debe denunciar la pérdida de su cartera a la policía.**'
>'*You must report the loss of your wallet to the police.*'

She continues:
>'**Debe ir en seguida a la comisaría de policía.**'
>'*You must go right away to the police station.*'

>**en seguida**   *right away*
>**la comisaría de policía**   *the police station*

In fact, it's rather late and you decide to wait until tomorrow.

> *Fortunately, the police station's not very far away and this morning you've found it without difficulty.*
> **Afortunadamente, la comisaría de policía no está muy lejos y esta mañana usted la ha encontrado sin dificultad.**
>
> **encontrar**   *to find*

You walk in. Say good morning to the lady police officer and explain that you're English and that you're in Spain on holiday:
> **'Buenos días, señora. Soy inglés y estoy en España de vacaciones.'**

Add:
> *'I've come to report the loss of my wallet.'*
> (begin **he venido a**)
> **'He venido a denunciar la pérdida de mi cartera.'**

The police officer puts some questions to you:
> **'¿Dónde ha perdido usted su cartera?'**
> *'Where did you lose your wallet?'*

Reply:
> *'I belive that I lost it in the Underground.'*
> *to believe*   **creer**
> *the Underground*   **el Metro**
> **'Creo que la perdí en el Metro.'**
>
> **'¿De qué color es?'**
> *'What colour is it?'*
> (Literally: *'of what colour is it?'*)
>
> **el color**   *the colour*

Say:
> *'It's black.'*
> *black*   **negro**
> **'Es negra.'**
>
> **'¿Qué hay en la cartera?'**
> *'What is there in the wallet?'*

Reply:
> '*Credit cards* ('**Tarjetas de crédito**), *20,000 pesetas* (**veinte mil pesetas**) *and my driving licence.*' (*the driving licence* - **el carnet de conducir**) **y mi carnet de conducir.**'

'**¿Quiere usted darme su nombre y su dirección?**'
'Will you give me your name and your address?'

el nombre	*the name*
la dirección	*the address*

Now, it's absolutely certain that at some time during your stay in Spain you'll need to spell your name, so let's learn right away the names of the letters of the Spanish alphabet. Ready? Please listen:

A [ah], **B** [bay], **C** [thay], then comes the combination **CH** called [chay], **D** [day], **E** [ay], **F** [eff-ay], **G** [*H*ay], **H** [ah-chay], **I** [ee], **J** [*H*o-tah], **K** [kah], **L** [ell-ay], then comes the combination double **LL** called [ell-yay], **M** [emm-ay], **N** [enn-ay], next we have the letter **Ñ** with the tilde above it, called [enn-yay], **O** [o], **P** [pay], **Q** [koo], **R** [airr-ay], then we have the combination double **RR** called [airrr-ray], **S** [ess-ay], **T** [tay], **U** [oo], **V** [oo-vay], **W** [oo-vay dob-lay], **X** [ay-kiss], **Y** [ee-gre-ay-gah], **Z** [thay-tah].

[The sounds transcribed above are approximate; make the italic capital *H*, seen against letters **G** and **J**, a guttural 'ch' as in the Scottish '*loch*'.]

When you hear the police officer ask for your name and address again, reply: '*My name is John Smith.*' (Say: '*I call myself ...*', '**Me llamo ...**'.) Ready?
> '**¿Quiere usted darme su nombre y su dirección?**'
> '**Me llamo John Smith.**'

Spell *John* for her: **John** [*H*o-tah, o, ah-chay, enn-ay]
Spell *Smith* for her: **Smith** [ess-ay, emm-ay, ee, tay, ah-chay]

Llamarse means *to be called* and you'll often hear:
> ¿Como se llama usted?
> *What is your name?*
> (literally: *how do you call yourself?*)

Continue:
> '*My address in Spain is Hotel Palma ...*'
> '**Mi dirección en España es Hotel Palma ...**'

> '*San Marcos Street ...*'
> '**Calle de San Marcos ...**'
> Madrid.

Now that the police officer has all the details, she says:
> '**Muy bien, señor Smith. Si aparece su cartera, nos pondremos en contacto con usted inmediatamente.**'
> '*If your wallet appears, we'll contact you immediately.*'
> (Literally: '*we'll put ourselves in contact with you*'.)

> **aparecer**   *to appear*
> **ponerse en contacto con**   *to contact*

(the future tense of **poner**, *to put*, is irregular: **pondré, pondrá, pondremos, pondrán**)

> **inmediatamente**   *immediately*

When you hear that comment again, will you just say '*Thank you very much*':
> '**Muy bien, señor Smith. Si aparece su cartera, nos pondremos en contacto con usted inmediatamente.**'
> '**Muchas gracias, señora.**'

This may be a good moment to look again at some of the interesting words you've heard today. Perhaps you can remember some.

> **WHAT IS THE SPANISH FOR:**
>
> | | |
> |---|---|
> | *a head of state* | **un jefe de estado** |
> | *the boat* | **el bote** |
> | *the colour* | **el color** |
> | *what colour is it?* | **¿de qué color es?** |
> | *the square* | **la plaza** |
> | *the works* | **las obras** |
> | *the bill* | **la cuenta** |
> | *the situation* | **la situación** |
> | *the receptionist* | **la recepcionista** |
> | *traditional* | **tradicional** |
> | *pleasant* | **agradable** |
> | *reasonable* | **razonable** |

And would you make a note of the following:

to have a drink	**tomar una copa**
to admire	**admirar**
to explain	**explicar**
to believe	**creer**
aparecer	*to appear,*
comprobar	*to check,*
volver	*to return,* and
encontrar	*to find* are irregular verbs

What is the Spanish for:
It's eight o'clock
Son las ocho

It's five o'clock
Son las cinco

But:
It's one o'clock is
Es la una.

Please repeat:
> *It's a quarter past six.*
> **Son las seis y cuarto.**
> (**Cuarto** means *quarter*.)

> *It's half past seven.*
> **Son las siete y media.**
> (**Media** is the feminine of **medio** and means *half*.)

> *It's a quarter to nine.*
> **Son las nueve menos cuarto.**
> (**Menos** means *minus* or *less*.)

> *Six o'clock in the evening.*
> **Las seis de la tarde.**

> *Six o'clock in the morning.*
> **Las seis de la mañana.**

Midday and *midnight* you've met already, do you remember them?
> **mediodía, medianoche**

In today's Situation you've heard the word for *black*, **negro**. Here are some more colours - please listen:

white	**blanco**
blue	**azul**
green	**verde**
red	**rojo**
brown	**marrón**
yellow	**amarillo**
pink	**rosa**

And now a short test. What is:
> *green*
> **verde**

> *blue*
> **azul**

> *yellow*
> **amarillo**

> *red*
> **rojo**

And finally, here's the Spanish for *seventy, eighty* and *ninety*. Please listen:
- 70 **setenta**
- 80 **ochenta**
- 90 **noventa**

100, as we've already heard, is **cien** or **ciento**.

Enough explanations for one day! You're no doubt still very worried about your lost wallet, so let's return to the hotel to see if there's any news.
It's ten o'clock in the morning.
Son las diez de la mañana.

You're in your hotel.
Está en su hotel.

The telephone rings ... Pick up the phone and say hello:
'**¿Dígame?**'
'**¿El señor Smith?**'

Reply:
'**Sí.**'
'**Aquí la comisaría de policía. Hemos encontrado su cartera.**'
'This is the police station. We've found your wallet.'

Shout *'wonderful'* (**estupendo**) and ask where they found it:
'**¡Estupendo! ¿Dónde la encontraron ustedes?**'
'**La encontramos debajo de la mesa en el restaurante.**'

So, your wallet was *under the table in the restaurant* all the time!

CHECKLIST 14

En la Comisaría de Policía
At the Police Station

Masculine Words

el policía   policeman
el rey   king
el jefe   head
el pintor   painter
el recepcionista   receptionist
el estado   state
el bote de remos
   rowing boat
el metro   underground
el bolsillo   pocket
el color   colour
el carnet de conducir
   driving licence
el nombre   name
el apellido   surname

Feminine Words

la policía   police
la comisaría de policía
   police station
la pintora   painter
la recepcionista
   receptionist
la copa   glass, drink (*alcoholic*)
la taberna   bar
la obra   work
la mano   hand
la situación   situation
la pérdida   loss
la dificultad   difficulty
la dirección   address

Descriptions

tradicional   traditional
agradable   pleasant
sentado   seated
razonable   reasonable
estupendo   wonderful

Places

el Palacio Real
   the Royal Palace
el Museo del Prado
   the Prado Museum
el Parque del Retiro
   Retiro Park
la Plaza Mayor   Main Square

Colours

¿De qué color es?
   What colour is it?
blanco   white
negro   black
azul   blue
verde   green
rojo   red
marrón   brown
amarillo   yellow
rosa   pink

What's Your Name?

¿Cómo se llama usted?
Me llamo...   My name is...

Checklist 14

Where?

debajo de la mesa
   under the table

When?

esta mañana   this morning
esta tarde   this afternoon
esta noche   this evening/
   tonight
en seguida   right away
inmediatamente
   immediately

What Time is It?

¿Qué hora es?
Es la una.   It's one o clock.
Son las dos.   It's two o clock.
Son las cinco
   It's five o clock.
Son las seis y cuarto.
   It's a quarter past six.
Son las siete y media.
   It's half past seven.
Son las nueve y cinco.
   It's five past nine.
Son las diz menos veinte.
   It's twenty to ten.
Es mediodía.   It's midday.
Es medianoche.
   It's midnight.

Numbers

70   **setenta**
80   **ochenta**
90   **noventa**
100   **cien, ciento**

Verbs

admirar   to admire
explicar   to explain
denunciar   to report
comprobar (*irreg.*)   to check
encontrar (*irreg.*)
   to find, meet
llamarse   to be called
meter   to put
creer   to believe
aparecer (*irreg.*)   to appear
perder (*irreg.*)   to lose
volver (*irreg.*)   to return
ponerse en contacto con
   to contact

For Reference -

Important Irregular Verbs:

Encontrar
Present
   encuentro
   encuentra
   encontramos
   encuentran
fam. form
   encuentras
   encontráis

Comprobar
Present
   compruebo
   comprueba
   comprobamos
   comprueban
fam. form
   compruebas
   comprobáis

Checklist 14

Volver
Present
vuelvo
vuelve
volvemos
vuelven
fam. form
vuelves
volvéis
Perfect
he vuelto

Perder
Present
pierdo
pierde
perdemos
pierden
fam. form
pierdes
perdéis

Situation 15

Let's Talk Business
Vamos a Hablar de Negocios

Today and tomorrow are your last days in Madrid and you're taking this opportunity to do some shopping. Your husband has decided to remain at the hotel this morning! We'd like you to imagine that you're now walking along one of the most impressive streets in Madrid - la Calle de Alcalá. Suddenly you come across a small shop which sells nothing but umbrellas. You decide to go in. The shop assistant greets you:

> '**Buenos días, señora. ¿Qué desea?**'
> '*Good morning, madam. Can I help you?*'
> (Literally: '*What do you wish?*')

Say good morning and add that you're a director of a company in England (*the director* is **el director**, feminine **la directora**, and *the company* is **la compañía**):

> '**Buenos días, señor. Soy directora de una compañía en Inglaterra.**'

Continue: '*I'd like to offer an umbrella as a Christmas present to my clients.*' But first, here are the new words - listen:

to offer	**ofrecer**
the umbrella	**el paraguas**
as a present	**como regalo**
as a Christmas present	**como regalo de Navidad**
the client	**el cliente**

So, ready?
> '*I'd like to offer an umbrella as a Christmas present to my clients.*'
> '**Quisiera ofrecer un paraguas como regalo de Navidad a mis clientes.**'

> **como**   *as* or *like*

> (When written with an accent, **cómo** means *how*:
> *How are you?* **¿Cómo está usted?**)

'¿Qué clase de clientes tiene usted?'
'What kind of clients do you have?'

la clase   the kind

When you hear the question again, reply: *'Businessmen and businesswomen.'* Here are the new words:

the man	**el hombre**
the woman	**la mujer**
the business	**los negocios**
the businessman	**el hombre de negocios**
the businesswoman	**la mujer de negocios**

Ready? Here's the question again:
'¿Qué clase de clientes tiene usted?'
'Hombres de negocios y mujeres de negocios.'

'Muy bien. Aquí hay un paraguas para hombres de negocios.'
'Here's an umbrella for businessmen.'
(Literally: *'here there is'*)

He continues:
'**Es elegante** *(it's elegant)*, **es negro** *(it's black)*, **y es muy especial** *(and it's very special).*'

'Este paraguas es especial porque tiene un pequeño dictáfono incorporado en el mango.'
'This umbrella is special because it has a small dictaphone incorporated in the handle.'

porque	because (**por qué**, *why*)
el dictáfono	the dictaphone
incorporar	to incorporate
el mango	the handle

When you hear the salesman's comment again, reply: *'How wonderful!'*, '**¡Qué estupendo!**' Ready?
'Este paraguas es especial porque tiene un pequeño dictáfono incorporado en el mango.'
'¡Qué estupendo!'

Add: *'With this umbrella one can prepare a report for one's secretary while walking.'* Here are the words you'll need:

>*the report*
>**el informe**
>
>*one's secretary* (say *the* secretary)
>**la secretaria**
>
>*while walking* (becomes *simply walking*)
>**andando**

Ready?
>*'With this umbrella one can prepare a report for one's secretary while walking.'*
>**'Con este paraguas se puede preparar un informe para la secretaria andando.'**
>(**andando** comes from the verb **andar**, *to walk*)
>
>**'Sí, es verdad.'**
>*'Yes, it's true.'*
>
>**'Se puede también escuchar la grabación de la última reunión de la junta directiva.'**
>*'One can also listen to the recording of the last board meeting.'*
>
>| | |
>|---|---|
>| **la grabación** | *recording* |
>| **último** | *last* |
>| **la reunión** | *the meeting* |
>| **la junta directiva** | *the board of directors* |
>
>**'También tenemos un artículo similar para las mujeres de negocios.'**
>*'We also have a similar article for businesswomen.'*
>
>| | |
>|---|---|
>| **el artículo** | *the article* |
>| **similar** | *similar* |
>
>**'Además del dictáfono hay un espejito.'**
>*'In addition to the dictaphone there's a small mirror.'*
>
>| | |
>|---|---|
>| **además de** | *in addition to* |
>| **el espejo** | *the mirror* |
>| **el espejito** | *the small mirror* |
>
>(The ending **-ito** often means *small*)

Reply:
> '*It's really original.*'

| really | **verdaderamente** / verdaderamente |
| original | **original** |

> '**Es verdaderamente original.**'

Ask what the price of these umbrellas is. Begin '**¿Cuál es el precio ...?**' (**paraguas** doesn't change for the plural).
> '**¿Cuál es el precio de estos paraguas?**'
> '**Ocho mil pesetas el paraguas de caballero ...**'
> '*8,000 pesetas the gentleman's umbrella ...*'

el caballero   *the gentleman*

> '**y nueve mil pesetas el paraguas de señora.**'
> '*and 9,000 pesetas the lady's umbrella.*'

Would you ask now: '*Do you give discounts on large orders?*' - here are the words:

the discount	**el descuento**
to give discounts	**hacer descuentos**
on	**sobre**
the order	**el pedido**

Ready?
> '**¿Hace usted descuentos sobre pedidos grandes?**'
> '**Sí, si pide más de veinte artículos.**'
> '*Yes, if you order more than twenty articles.*'

Pide comes from **pedir** (*to order*) which you met in Situation 5. We mentioned in a previous Situation that *than* is usually translated by **que**, and the example we gave you was: *My daughter is more talkative than my son.* Do you remember the Spanish? **Mi hija es más habladora que mi hijo.** But when *than* is followed by a number in Spanish, **que** is replaced by **de**, hence: *more than twenty articles*, **más de veinte artículos**.
> '**Si pide más de veinte artículos, podemos ofrecerle un descuento del quince por ciento.**'
> '*If you order more than 20 articles, we can offer you a discount of 15 per cent.*'

quince por ciento   *15%*
a discount of 15%   **un descuento del quince por ciento**

Fine. Well, let's leave the conversation there for the time being and look at some new and interesting points of grammar.
In English, if we want to stress that an action is taking place at this very moment, we use the '-ing' form of the verb. We say *I'm listening to the radio, we're eating, she's writing a letter.* In Spanish, the equivalent of the '-ing' form is **-ando** for **-ar** verbs and **-iendo** for **-er** and **-ir** verbs. Here are some examples:

I'm listening to the radio.
Estoy escuchando la radio.

We're eating.
Estamos comiendo.

She's writing a letter.
Está escribiendo una carta.

You'll have noticed that we drop the 'to' form endings before adding **-ando** and **-iendo**.

Now it's your turn.

> **How would you say:**
>
> *He's buying six stamps.*
> **Está comprando seis sellos.**
>
> *They're washing in the bathroom.*
> (Remember to say:
> *they're washing themselves*)
> **Se están lavando en el cuarto de baño.**
> (You could also have said
> **están lavándose**)

The **-ando** and **-iendo** forms are also used in Spanish when you want to translate such expressions as *while walking, by studying* and so on.

Listen to these examples:
> *We listen to the recording while walking along the street.*
> **Escuchamos la grabación andando por la calle.**

> *She learnt Spanish by studying every day.*
> **Aprendió español estudiando todos los días.**

How would you say:
> *I spent two hours looking for the key.*
> *to look for* **buscar**
> **Pasé dos horas buscando la llave.**

And now let's move on to something else. In English we often say what we would do - *if* ... For example:
> *I would visit Spain, if ...*
> *He would prepare a report, if ...*
> *We would sell our house, if ...*

This tense is called the conditional and in Spanish it sounds like this:

I would visit	**visitaría**
he/she/it/you would eat	**comería**
we would write	**escribiríamos**
they or *you* (pl) *would buy*	**comprarían**

You'll have noticed that this tense is formed by adding the endings **-ía**, **-ía**, **-íamos** and **-ían** to the '*to*'-form of the verb. By way of a short test, would you translate the following:
> *I would visit Spain, if ...*
> **Visitaría España, si ...**

> *He would prepare a report, if ...*
> **Prepararía un informe, si ...**

> *We would sell our house, if ...*
> **Venderíamos nuestra casa, si ...**

> *She would order twenty fridges, if ...*
> **Pediría veinte neveras, si ...**

I'm sure you're anxious to get back now to that shop with the rather unusual umbrellas. Ask the salesman what the delivery period would be for an order for thirty umbrellas (*the delivery*, **la entrega**; *the period*, **el plazo**; *the delivery period*, **el plazo de entrega**).

147

Ready?
> '¿Cuál sería el plazo de entrega para un pedido de treinta paraguas?'

> 'Podríamos garantizarle la entrega dentro de tres semanas.'
> *'We could guarantee you delivery in three weeks.'*

> **podríamos**   *we could*
> (**podríamos** is a little irregular)
> **dentro de tres semanas**   *in three weeks*

Reply:
> 'Fine. I'm going to place an order right away.'
> (*to place an order* **hacer un pedido**).

Ready?
> 'Muy bien. Voy a hacer un pedido ahora mismo.'

The umbrella salesman suddenly has a wonderful idea. It's a suggestion for next year's Christmas present that could make you very popular with your clients. But before we hear just what this new idea is, let's listen once again to the entire conversation so far, without interruptions. Ready? Just listen:

> 'Buenos días, señora. ¿Qué desea?'

> 'Buenos días, señor. Soy directora de una compañía en Inglaterra. Quisiera ofrecer un paraguas como regalo de Navidad a mis clientes.'

> '¿Qué clase de clientes tiene usted?'

> 'Hombres de negocios y mujeres de negocios.'

> 'Muy bien. Aquí hay un paraguas para hombres de negocios. Es elegante, es negro y es muy especial. Este paraguas es especial porque tiene un pequeño dictáfono incorporado en el mango.'

> '¡Qué estupendo! Con este paraguas se puede preparar un informe para la secretaria andando.'

> 'Sí, es verdad. Se puede también escuchar la grabación de la última reunión de la junta directiva. También tenemos un artículo similar para las mujeres de negocios. Además del dictáfono, hay un espejito.'

'Es verdaderamente original. ¿Cuál es el precio de estos paraguas?'

'Ocho mil pesetas el paraguas de caballero y nueve mil pesetas el paraguas de señora.'

'¿Hace usted descuentos sobre pedidos grandes?'

'Sí, si pide más de veinte artículos, podemos ofrecerle un descuento del quince por ciento.'

'¿Cuál sería el plazo de entrega para un pedido de treinta paraguas?'

'Podríamos garantizarle la entrega dentro de tres semanas.'

'Muy bien. Voy a hacer un pedido ahora mismo.'

And now, back to the salesman's brilliant suggestion ...

'El año próximo usted podría ofrecer a sus clientes un bombín.'
'Next year you could offer your clients a bowler hat.'

el bombín   the bowler hat

'Y el bombín podría hacer juego con el paraguas.'
'And the bowler hat could match the umbrella.'

hacer juego con   to match

We want you to reply:
'It's a wonderful idea.'
the idea   **la idea**
'Es una idea estupenda.'

And add:
'With an aerial on top to receive television programmes.'

the aerial   **la antena**
on top   **encima**
the tv programme   **el programa de televisión**

Ready?
'Con una antena encima para recibir los programas de televisión.'

Checklist 15

Vamos a Hablar de Negocios
Let's Talk Business

Masculine Words

el director director
el cliente client
los negocios business
el hombre de negocios businessman
el secretario secretary (m)
el informe report
el descuento discount
el pedido order
el plazo de entrega delivery period
el dictáfono dictaphone
el paraguas umbrella
el mango handle
el artículo article
el espejo mirror
el espejito small mirror
el caballero gentleman
el bombín bowler hat
el programa programme

Descriptions

elegante elegant
especial special
original original
último last
próximo next
similar similar

When?

el año pasado last year
el año próximo next year
dentro de tres semanas in three weeks

Feminine Words

la directora director
la compañía company
la cliente client
la mujer de negocios businesswoman
la secretaria secretary (f)
la reunión meeting
la junta directiva board of directors
la entrega delivery
la grabación recording
la clase kind; class
la idea idea
la antena aerial
la Navidad Christmas

Why? Because

¿Por qué...? Why...?
porque because

Other Words/Expressions

¡Qué estupendo! How wonderful!
además de in addition to
verdaderamente really
más de more than (before a number)
por ciento per cent
encima on top
como as, like
cómo how

Checklist 15

The -ando, -iendo Forms

visitar: visitando visiting
comer: comiendo eating
vivir: viviendo living
estoy escuchando
   I am listening
está comiendo
   he/she is eating
estamos escribiendo
   we are writing
se están lavando
   they are washing

Verbs

incorporar to incorporate
andar *(irreg.)* to walk
ofrecer *(irreg.)* to offer
hacer juego con to match

The Conditional Tense

visitaría I would visit
comería he/she/it/you would eat
escribiríamos
   we would write
comprarían they/you *(pl)* would buy
fam. form
pagarías you would pay
venderíais
   you *(pl)* would sell

Irregular Future and Conditional Tenses

decir to say
   diré
   diría

hacer to do
   haré
   haría

poder to be able
   podré
   podría

poner to put
   pondré
   pondría

saber to know
   sabré
   sabría

salir to depart
   saldré
   saldría

tener to have
   tendré
   tendría

venir to come
   vendré
   vendría

SITUATION 16

WINTER SPORTS
DEPORTES DE INVIERNO

As this is the last day of your stay in Spain (and, sadly, our last Situation) it's only natural that you should be feeling a little downhearted. But your next holiday isn't far away, and you and your wife have already decided that in six months' time you'd like to go skiing. By sheer coincidence you find yourselves standing close to *a travel agency* - **una agencia de viaje**.

Let's go in. Say good morning to the lady clerk and tell her that you and your wife would like to go skiing in February - *to go skiing* is **ir a esquiar**:

> 'Buenos días, señora. Mi mujer y yo quisiéramos ir a esquiar en febrero.'

> 'Sí, muy bien, señor. ¿Han decidio ya adónde quieren ir?'
> *'Yes, fine, sir. Have you already decided where you want to go to?'*

decidir	*to decide*
ya	*already*
adónde (one word)	*where to*

Reply that you'd like to go to La Molina in the Pyrenees (**los Pirineos**):
> 'Quisiéramos ir a La Molina en los Pirineos.'

Add:
> *'They say that La Molina is a splendid ski resort.'*
> *the ski resort*   **la estación de esquí**
> 'Se dice que La Molina es una estación de esquí estupenda.'

> 'Sí, señor, es verdad.'
> *'Yes, it's true.'*

> 'Es una estación internacional.'
> *'It's an international resort.'*

> **internacional**   *international*

'Es donde esquía el rey de España.'
'It's where the King of Spain skis.'

'La Molina es una buena estación para todas las clases de esquiadores ...'
'La Molina is a good resort for all kinds of skiers ...'

'incluidos los niños.'
'including children.'

el esquiador, la esquiadora   *the skier*
los niños are small children in general ...
los hijos are children in the sense of one's sons and daughters

Ask now how many chair-lifts there are (*the chair-lift,* **el telesilla**):

'¿Cuántos telesillas hay?'

'Esperen un momento ...'
'Wait a moment ...'

esperar	*to wait*
un momento	*a moment*

'voy a mirar el folleto.'
'I'll look at the brochure.'

mirar	*to look at*

'Hay siete telesillas ...'
'There are seven chair-lifts ...'

'y trece telesquis.'
'and thirteen drag-lifts.'

el telesqui	*the drag-lift*

Ask what La Molina offers as regards entertainment (*as regards,* **en cuanto a**; *the entertainment,* **las diversiones**):

'¿Qué ofrece La Molina en cuanto a diversiones?'

'Hay piscinas, ...'
'There are swimming pools, ...'

'hay discotecas, ...'
'there are discos, ...'

'**hay restaurantes, ...**'
'there are restaurants, ...'

'**hay excursiones, ...**'
'there are excursions, ...'

'**y cerca hay un pueblo medieval con una pista de patinaje.**'
'and nearby there's a medieval village with a skating rink.'

Will you repeat the new words you've just met?

the swimming pool	**la piscina**
the disco	**la discoteca**
nearby	**cerca**
the village	**el pueblo**
medieval	**medieval**
the skating rink	**la pista de patinaje**

Perhaps you'd also repeat the words for the cinema and the theatre:
el cine, el teatro

Ask the clerk now whether it's possible to rent an apartment:
'**¿Se puede alquilar un apartamento?**'

'**Sí, señor. Los apartamentos son más baratos que los hoteles ...**'
'Yes. The apartments are cheaper than the hotels ...'

barato *cheap*

'**y los apartamentos son modernos y están bien situados.**'
'and the apartments are modern and well-situated.'

moderno	*modern*
bien situado	*well-situated*

Ask whether you can hire skiing equipment (*the skiing equipment*, **el equipo de esquiar**):
'**¿Podemos alquilar equipo de esquiar?**'

'**Sí, y pueden también tomar lecciones de esquí.**'
'Yes, and you can also take lessons in skiing.'

the lesson	**la lección**
to take lessons	**tomar lecciones**

el esquí means both *the ski* and *skiing*

The title of this lesson is '*Deportes de Invierno*' - '**Winter Sports**'. Let's hear the names of the other seasons (please repeat):

the spring	**la primavera**
the summer	**el verano**
the autumn	**el otoño**
and what was *the winter*?	**el invierno**

Let's turn our attention now, for the last time, to numbers. Just listen:

200	**doscientos** (or **doscientas** if the word is feminine)
300	**trescientos, trescientas**
400	**cuatrocientos, cuatrocientas**
500	(be careful) **quinientos, quinientas**
600	**seiscientos, seiscientas**
700	(be careful) **setecientos, setecientas**
800	**ochocientos, ochocientas**
900	(be careful) **novecientos, novecientas**
1000	**mil**
2000	**dos mil**
1,000,000	**un millón**

There is one more tense we should look at briefly before the end of this course - it's called the imperfect. The imperfect tense translates the English *I was doing something* or *I used to do something*. This is what it sounds like (**-ar** verbs):

I was visiting or *I used to visit*	**visitaba**
he/she was buying or *used to buy*	**compraba**
we were paying or *used to pay*	**pagábamos**
they were working or *used to work*	**trabajaban**

You'll have noticed that we removed the **-ar** and replaced it with **-aba, -aba, -abamos** and **-aban**.

And now the imperfect of the **-er** and **-ir** verbs. Please repeat:

I was eating or *I used to eat*	**comía**
he/she was selling or *used to sell*	**vendía**
we were living or *used to live*	**vivíamos**
they were writing or *used to write*	**escribían**

You'll have noticed that we removed the **-er** and **-ir** and replaced them with **-ía**, **-ía** and **-íamos** and **-ían**.

And now for a little practice.

> **TRANSLATE:**
>
> *I used to play tennis, when I was living in Spain.*
> **Jugaba al tenis, cuando vivía en España.**
>
> *She used to receive a letter three times a week.*
> **Recibía una carta tres veces a la semana.**
>
> *We were listening to a record when our daughter arrived.*
> **Escuchábamos un disco cuando nuestra hija llegó.**

We'd like to ask you now to learn a few expressions by heart. We want you to do this so that you can complete the type of sentence we met in Situation 15, namely: *I would visit Spain, if ...* Just listen:

... *if I had the money*	**si tuviese el dinero**
... *if she/he/you had the money*	**si tuviese el dinero**
... *if we had time*	**si tuviésemos tiempo**
... *if they/you had time*	**si tuviesen tiempo**

So now, could you say in Spanish:
I would visit Spain if I had the money.
Visitaría España si tuviese el dinero.

We would write a letter if we had time.
Escribiríamos una carta si tuviésemos tiempo.

Well, I think it's time now to return to that Spanish travel agency and ask for a little more information about your skiing holiday. Just before we do that, let's listen once again to the conversation so far - without interruptions. Ready?

'Buenos días, señora. Mi mujer y yo quisiéramos ir a esquiar en febrero.'

'Sí, muy bien, señor. ¿Han decidido ya adónde quieren ir?'

'Quisiéramos ir a La Molina en los Pirineos. Se dice que La Molina es una estación de esquí estupenda.'

'Sí señor, es verdad. Es una estación internacional. Es donde esquía el rey de España. La Molina es una buena estación para todas las clases de esquiadores, incluidos los niños.'

'¿Cuántos telesillas hay?'

'Esperen un momento ... voy a mirar el folleto. Hay siete telesillas y trece telesquís.'

'¿Qué ofrece La Molina en cuanto a diversiones?'

'Hay piscinas, discotecas, restaurantes, excursiones, y cerca hay un pueblo medieval con una pista de patinaje.'

'¿Se puede alquilar un apartamento?'

'Sí, señor. Los apartamentos son más baratos que los hoteles, y los apartamentos son modernos y están bien situados.'

'¿Podemos alquilar equipo de esquiar?'

'Sí, y pueden también tomar lecciones de esquí.'

Let's go back now, live, to the travel agent. Ask her if she can give you a few brochures to take away (*a few*, **unos**; *to take away*, **para llevar**):
> '**Esperen un momento. Voy a buscarlos.**'
> '*... I'll fetch them.*'

As she walks, or rather limps, towards the shelf with the brochures, you notice that her leg is in plaster. Say to her '*Oh, you have your leg in plaster.*' (say: *the leg*, **la pierna**; *in plaster*, **escayolada / escayolada**):
> '**Oh, tiene la pierna escayolada.**'

She replies:
> '**Sí, vengo de esquiar.**'
> '*Yes, I've been skiing.*'
> (Literally: '*I come from skiing.*')

And that brings us to the end of this introduction to the Spanish language. If you've enjoyed *Spanish On The Move*, and would like now to consolidate your knowledge and take your Spanish further, we suggest that you continue your studies with Hugo's *Spanish in Three Months*. In the meantime, we would like to say simply ...

> **Gracias, y ¡hasta la vista!**

Checklist 16

Deportes de Invierno
Winter Sports

Masculine Words

el esquiador skier
el esquí ski, skiing
el telesquí drag-lift
el telesilla chair-lift
el equipo de esquiar skiing equipment
el pueblo village
el cine cinema
el teatro theatre
el niño little boy
el moment moment

Feminine Words

la estación de esquí ski resort
la esquiadora skier
las diversiones entertainment
la pista de patinaje skating rink
la discoteca disco
la piscina swimming pool
la lección lesson
la pierna leg
la niña little girl
la agencia de viajes travel agency

Descriptions

internacional international
moderno modern
bien situado well-situated
medieval medieval
barato cheap
escayolado in plaster

Places

los Pirineos the Pyrenees

Seasons

la primavera spring
el verano summer
el otoño autumn
el inverno winter

Other Words/Expressions

en cuanto a as regards
cerca nearby
¿Adónde? Where to?
unos(-as) a few
¡Hasta la vista! Au revoir!

Numbers

200 **doscientos(-as)**
300 **trescientos(-as)**
400 **cuatrocientos(-as)**
500 **quinientos(-as)**
600 **seiscientos(-as)**
700 **setecientos(-as)**
800 **ochocientos(-as)**
900 **novecientos(-as)**
1,000 **mil**
2,000 **dos mil**
1,000,000 **un millón**

Checklist 16

The Imperfect Tense: -ar Verbs

visitaba   I was visiting, I used to visit, *etc.*
compraba
pagábamos
trabajaban
fam. form
mandabas
practicabais

The Imperfect Tense: -er/-ir Verbs

comía   I was eating, I used to eat, *etc.*
vendía
vivíamos
escribían
fam. form
recibías
comíais

If I Had...

si tuviese   if I had, *etc*
 si tuviese
 si tuviésemos
 si tuviesen
fam. form
 si tuvieses
 si tuvieseis

Verbs

esquiar   to ski
ir a esquiar   to go skiing
mirar   to look (at)
esperar   to wait; to hope
tomar lecciones de esquí   to take skiing lessons
escayolar   to put in plaster
llevar   to take away; to carry
vengo   I come (see **venir**, Checklist 11)

For Reference -

The Imperfect Tense: Irregular Verbs

Ser (To Be)   **Ver (To See)**

 era   veía
 era   veía
 éramos   veíamos
 eran   veían
fam. form   *fam. form*
 eras   veías
 erais   veíais

Ir (To Go)

 iba
 iba
 íbamos
 iban
fam. form
 ibas
 ibais